带着禅心
去上班

圣严法师的
禅式工作学

圣严法师——著

带着禅心去上班，上班好精神！

　　圣严法师曾为在法鼓山服务的专职人员，长期开讲"精神讲话"，指导大众运用禅修的观念和方法于工作中，让工作时时充满禅机活力，处处都是奉献成长的道场。工作精神指的是一种影响的力量，一个人的言行举止，甚至连一个微笑、一句话、一篇文章，都能在工作职场产生影响力。圣严法师认为，一个人只要在世界上能够影响一、两个人的一生，那他的精神就是存在着，不一定要轰轰烈烈地做了什么大事，才叫有精神。

　　本书即是结集自圣严法师的"精神讲话"，从近一百场的讲稿，精选出三十四篇精华文章，与读者们分享法师如何让大家带着禅心去上班。法师即使病痛缠身，仍以禅心解缠，不但抱病审阅书稿，并尽可能地持续精神讲话，分享人生智慧，以愿心超越了有限的身心世界。书中将职场常见的疑难杂症，以最实用的提问方式直接破题，希望当所有的问题以禅心化解后，工作烦恼都能成为生命智慧。

圣严法师在第一篇首先探讨职场中的个人与团体互动关系；第二篇分享从工作中提升自己的妙法；第三篇则是提供佛法核心所在的修行要诀，做为工作的最佳心法。工作的烦恼来源通常都是因为放不下自己，也放不下别人与成败得失。缺少包容心时，不但同事变敌人，甚至于自己就是头号敌人，自己恨自己。如果能把个人小我融入团体大我，透过禅心与愿心，让个人的有限观点得以开放超越，就能在成就众人中同时成就自己。

即使工作的状况千变万化，有了禅法做为安心方法，无论遇到的是贪心、瞋心、痴心，都能通通变成禅心。工作不再局限于朝九晚五的有限钟点，能够无限宽广开创新格局。让我们带着禅心去上班，上班好精神！

法鼓文化编辑部

目录

第一篇

办公室的
禅机

以广结善缘的态度与人互动、
把公司和自己视为一个整体，
与团体的脚步一起成长，
工作会忙得很快乐、忙得很有意义。

如何扮演好自己的工作角色？

　　禅修时，有一句话，中国禅宗很少用，可是西方人很喜欢用，那就是"Who am I?"，也就是中文的"我是谁？"。

　　我一向认为，我们每一个人都一定要扮演好自己的"角色"。把自己的"角色"扮演好，"定位"明确了，你的"责任"、"义务"、"权利"清楚了，那你就是一个高明的人。

　　中国的传统文化很重视伦理道德，什么是伦理道德？伦理道德的核心定义，不外是确实把自己的角色扮演好：你是什么身分，就有什么职务、地位和责任。从家庭、学校、办公室、社会、国家，以至整个世界、全人类，每个人都有不同的角色，我们可以逐步把握，并且扩展出去。

　　每个人的存在，都不是固定或孤立的，只要能把自己的责任、义务完成，那你在任何一个点上，都会左右逢源，都会非常快乐。不要孤立自己，不要不想尽任何责任与义务，而只是思考自己的权利。事实上，权利是尽了责任和义务之后，自然而然所获得的回馈和报酬。

　　能尽义务与责任，才有权利。所以，权利和责任通常是一体的，而且一定是先有责任再有权利。能根据职务、身分、立场，来尽义务和责任，那你就有权利了。然而在当今社会中，很多人都只知道追求、保障自己的权益，而没有想到自己是不是已经尽到责任。

　　在家庭里，你是谁？有可能是母亲，有可能是父亲，有可能同时是父亲和儿子，也有可能同时是父亲、儿子和孙子，身分相当多重。同样一个人，却有不同的身分、不同的关系，但每一样职务、每一样身分，都要尽到责任。

　　有的人工作了一辈子，只能待在同一个位子或同一个阶层，没办法往上提升；也有的人无论到哪里，遇到要升迁时，一定都会被挑选出来。这是什么原因呢？我想除了能力好之外，最主要仍是能扮演好自己的角色，和发挥应尽的责任。而总是选不上，往往就是没有扮演好自己的工作角色，像是常常忘了自己是谁，总是说出或做出与自己的职务、身分不相应的言语和行为，否则应该会被主管重用的。

佛教有一句话："做一天和尚，撞一天钟。"意思是负责撞钟的和尚，每天早晚都必须准时撞钟，做好自己的工作、职务。同样地，我们做人一定要先知道自己是谁，自己的身分、立场是什么，然后告诉自己应该把什么事情做好。怎样是尽责呢？如果上班时间规定朝九晚五，那是否只要准时打卡就算是尽责了？当然不是，重要的是你的工作态度，一定要想办法把自己的角色扮演好。除了要善尽我们的职责，与上下左右的人际互动也很重要，因为人并不是物体，也不是一盆植物，可以永远固定在同一个位子上，人与人之间是需要透过互动来共同成就任务的。

如何与难沟通的人一起工作？

　　我们在工作时，无论与谁互动，都要以尊重的态度，将对方视为菩萨。像在法鼓山团体中，大家会互称对方为"菩萨"，就是将对方当成菩萨来对待。即使遇到的是不友善、不配合或是能力不佳的人都是一样，千万不要因此怀疑对方的工作态度或是工作能力。既然已经和他一起共事，就要将他当成菩萨看待，尊重他的人格。

　　因此，彼此间不可以使用粗话、刻薄话或者是指责的语言，一定要用尊敬、善意的语言，譬如：请教、请问、是的、对的、好的、很好等。同样地，面对不同意见时，也不可以用命令或反抗的方式，而要用商量的方式来沟通处理。

　　身为主管者，要尊重专业工作人员以及多数人的意见，执行者则要尊重主管的指导。如果部属不接受主管所分配的工作，应提出不执行的理由及意见，而不是一味地抗拒、对立，要以商量的方式寻求解决。譬如，主管下达一个命令，如果身为部属有自己的想法要表达，就可以建议说："是的，这件事情您考虑得很好，但是从执行的角度来看，另一种作法可能会比较节省时间和金钱。"

在交办工作时，不要以命令的方式要求执行者，而是先询问在期限内是否能够完成，以及彼此沟通执行时可能会遇到的状况。沟通之后，如果能充分信任，执行者通常都能尽力去完成。由此可见，部属与主管的良性沟通是让工作顺利的必要条件。

但是，在工作场合中，各种人都有，有的人自私、推诿责任，老是跟你作对，但即使这样，我们对他还是要抱持希望，因为从修行的立场而言，每个人都还是有转变、改善的机会。如果我们一开始就认定对方不好，留下刻板印象，那么，对方就毫无翻身的机会，彼此间的关系亦不可能改善。所以我们在工作中，以及与人互动时，要有菩萨精神，对任何人都不要失望、对立，而要消融自己，包容人、体谅人。

这个观念很有用，因为只要能消融自己，就能包容所有的人，心中就没有对人的恨意了。否则，你光听到他的名字就一肚子火，如果再见到他的人，那就是仇人狭路相逢、怨家路窄。所谓怨家路窄，其实不是路窄，而是你的心量小，如果你能包容他，怨家本身就不存在了。虽然他可能还是你的怨家，可能还是会整你，但只要你心中不要以怨家来看待他，那他就不是个怨家了。

有一位参加过禅修营的学员告诉我说："师父，自从我学过打坐以后，就再也不会生气了。虽然我经常受人欺负，但我不生气，也不会跟人吵架，只是我还是觉得不服气！"我一听就觉得奇怪了，既然不生气，怎会不服气呢？这样他的气到底消了没有？当然没有消！我说："你这怎么叫作不生气，只是没有发作而已。你心里面的火气很多、很危险，不知道什么时候就爆炸了！"他虽然把气暂时压下来、把气吞忍下去，累积久了，将来一旦爆发，必会发生危险。

所以，只要我们懂得消融自己，心中的怒气就不存在。有时候嘴巴上说几句气话，那没有关系，讲完了，你的气就消了。但是最好是在消融自己的时候，连这种抱怨的话都不讲，因为抱怨的话只要一讲，不但伤了人，也可能因此传出去，衍生不必要的麻烦，所以抱怨是损人不利己的，仍应消融自己，沉着守口，才是利人利己的智慧行为。

工作便利贴

因为从修行的立场而言，每个人都还是有转变、改善的机会。如果我们一开始就认定对方不好，留下刻板印象，那么，对方就毫无翻身的机会，彼此间的关系亦不可能改善。

如何处理争执不下的状况？

　　与人相处发生问题时，可以当成是对我们智慧的一种考验，让我们学习运用智慧、慈悲来互相调整，也让我们思考：要如何达成有效的沟通？如何归结出一个比较能让对方接受的结果？

　　我认为首先要自己先退让一步，如此才有讨论的空间。如果你不肯退一步，他也不愿退一步，彼此互相坚持、僵持不下，想要沟通，根本没有希望。就像两个人走到独木桥的中间，你想要过去，他也想过去，互不退让的结果，最后两个人都掉到河里去了。碰到争执不下时，总要有一个人往后退一下，侧身先让对方通过，自己也才能顺利过桥。在刚退让的时候，一时之间可能感觉自己吃亏了，觉得为什么要我让他，而不是他让我呢！可是如果我们能够为了整体的长远发展着想的话，就会明白这是值得的。

人要有远见，今天你让别人十条路，虽然明天很可能只有两个人愿意回报，也让你的路，但是不要因此感到失望，因为至少还有两个人让你的路。两个人加上你就变成三个人，三个人要比另外七个人强。为什么？因为你们三个人是同心协力的，而其他七个人，因为力量都是一个一个分散的，所以加起来只会有一个人的力量。因此，你们三个人团结的力量，要比他们七个人分散的力量强；你们三个人做出来的成果，要比他们七个人做出来的好，这是值得的。

所以，我们能够让人一步，放人一条生路，也就是为自己留一条后路；如果我们每一个人都坚持着自己的想法："为什么是我要让你，你为什么不让我？"那结果一定是两败俱伤。

如何看待职场上的公平问题？

　　人人都希望公平，但世上有百分之百公平的事吗？譬如在职场中，主管认为是公平的，但是站在员工的立场，就可能变成不公平。这是因为主观和客观的标准不同，而主观不一定是标准的，所以也没有绝对的客观，可见世上并没有真正的公平。

　　我曾经讲过一个比喻：一个父亲有四个儿子，父亲临终时将遗产分配给四个儿子，其中小儿子得到最多，三儿子其次，老二最少，老大没有。因为父亲认为小儿子还小，所以应该多给他一些；老三比较大，就少一些；老二年纪更大，就再少一点；老大已经独立了，所以就不再给老大财产了。可是站在儿子的立场来看，就不一定能认同父亲的想法了，老大认为："家里的事业是我从小跟父亲一起努力奋斗出来的，我奉献得最多，获得的也应该最多。分给老二、老三就算了，老四不但没为家里赚一分钱，还老是在花钱，根本不用分给他半毛钱。"几个兄弟一相互比较，争执立起，反目成仇。由此可知，立场不同，判断标准也会不同，若执着自己的立场就会产生纷争。

我认识一位公务员，工作十分勤奋，凡是聘请到他的上司，往往可以高枕无忧、太平无事。因此，只要有人升了官，马上就会想到他，抢着请他担任助理或执行秘书。他一辈子没当过真正的主管，最多只是个小主管，往往升官没他的份，加薪也没他的份；可是只要工作上有困难，冲锋陷阵的都是他；加上因为他是幕僚，所以功劳也都是主管的。虽然他对国家、社会、政府的贡献很多，可是未来的历史却未必会记上他一笔，那么他会不会心有不平呢？

他不但心中没有委屈、不平，反而感恩地说："我本来就不是一个做官的人，我是一个做事的人。我很感谢他们看得起我，要我替他们策划，让我有机会为国家社会奉献，要不然，我也没机会发挥能力。无法在历史留名没关系，重要的是我奉献得很高兴。"

　　为什么他愿意做这样的傻瓜？而这样的人真的是傻瓜吗？他默默地耕耘、默默地做，完成事情的成就感已让他非常满足、非常欢喜；虽然名声是别人的，地位、荣誉也是别人的，但功德却是自己的呀！因此，当"名"、"实"不相符的时候，我们还是求实为要。

工作便利贴

立场不同，判断标准也会不同，若执着自己的立场就会产生纷争。

如何培养合作默契？

　　在职场中，大家都来自不同的生活环境，也都有不同的成长背景，但是进入企业、团体以后，即需建立共同的理念、方向，一起朝同一方向努力。但是，大家尽管都很努力，还是会发现每一个人都有自己的习气、烦恼、性格与脾气，所以并不容易沟通。毕竟我们从出生以后，从家庭、学校、公共环境，以及朋友、同学的关系中，都可能会学习到一些不同的习气和观念。

　　这种情况就好像是不同的蜜蜂在不同的花里采了花蜜带进蜂窝，如果坚持我酿我的蜜、你酿你的蜜，那一窝蜂就会吵翻了蜂窝！唯有每个人都把自己的花蜜变成共同的花蜜，才能酿成品质好的蜜。所以，我们要学习把个人的习气放下，尽量配合大环境，也就是配合团体中的理念与风气，才能创造出更高更好的成果。

公司不同的部门，每天会接触不同的同事以及外来洽公的人员，他们的面容、仪态各个不一，期望和要求也不会相同。因此，我们要随时随地保持和颜悦色；即使在家里生了气，进了办公室之后，就要放下，转变心情；即使遇到再倒霉的事，也要以和蔼可亲的态度来对待每一个人。譬如，当对方有烦恼时，要听听他们有什么烦恼；当有人抱怨时，也要听听他们有些什么抱怨；只要你当下用欢喜心来对待和倾听，自己内心的烦恼就已经去了一半。

最糟糕的是，往往当人的烦恼很多、抱怨很多时，不但不会要求自己改善，反而要求其他人一起配合、要求其他人听你的意见。如此一来，就变成是一种强势作风，别人由于怕你，一时只好勉强接受，但是时间久了，别人都把你当作阎罗王看，想要再和别人相处得很好，那可就不容易了！别人有什么心里的话不但不会跟你讲，有需要配合的事情，大概也不愿意跟你好好地配合。

再者，礼仪环保可以改变沟通僵局，让办公室经营出和谐的环境，但是礼仪环保如果只说不做，会很空洞，必须从心做起。

举例来说：当别人惹你生气时，该怎么办？你可以先在心中念佛，让自己的心静下来，然后告诉他："谢谢你，我已经听到了，我会好好地考虑一下，再答复你。"

如果要生气，随时随地都有生气的机会。不管是天气热，还是天气冷；即使是一只蚊子、一只蚂蚁在你面前出现，你都有理由生气。

当怒气难消时，我们可以先念一句"阿弥陀佛"，再想：无论是什么原因让自己生气，都是在帮自己的忙，让自己有机会修菩萨行。

办公室的气氛要靠大众一起营造，要互相沟通、协调，互相谅解、包容。虽然不同部门的工作性质可能截然不同，你没办法帮别人的忙，但是既然都在同一个大办公室里，就是一个共同体，看到彼此应该觉得很欢喜。

上班、下班在路上见到彼此的时候，不要因为平常没有工作往来，就觉得不需要打招呼。这是错误的想法，正因为平常很少有机会接触，才更应该要

打招呼。你可以跟他笑一下，说声："早安！"或是
问说："你今天看起来很开心的样子，能不能分享
一下？"

　　或许刚开始你会因为陌生而觉得有些不自然，
觉得自己好像是装的或是很虚伪，其实不要这么想，
即使是装的也没关系，只要装的时候心里不要想是假
的，那就是真的。然后慢慢地再继续练习，久了就会
自然熟练，不再尴尬。

　　如果，我们随时随地都能提醒自己做到"慈悲奉
献他人，烦恼消归自性"，这样我们的人品和工作品
质自然也会随着成长。

工作便利贴

我们要学习把个人的习气放下，尽量配合大环境，也就是配
合团体中的理念与风气，才能创造出更高更好的成果。

如何调整常想换工作的心态？

在一些职场中，工作人员不断增加，但同时也有许多人员离职，流动率似乎很高。有时有人刚到一个新的单位没多久，就感觉不适应，原因不外乎工作量多、不适应新办公室的风气文化；但是也有人一做就好几年，觉得工作非常稳定，胜任愉快。

我们的工作状态最好保持稳定、安定，一方面自己能安安心心地工作，另一方面也能循序渐进地接受公司的专业培养。工作稳定了，自己的身心也能跟着稳定，如果一个人的工作经常变动，是一件很辛苦的事，老是在适应新环境，无论到哪里，都会被当作新进人员看待。所以，如果能够抱持着"既来之，则安之"的心态，才能好好学习成长。

但是有些人就是喜欢工作换来换去。经常换来换去，或许可以多见世面，然而却不能深入累积专业能力，对自己的工作能力也无法打下深厚的基础，如此消耗时光非常可惜。

人通常有两种习性，一种是喜新厌旧，一种是忌新念旧。喜新厌旧，是喜欢新鲜的人、事、物，讨厌旧的东西；忌新念旧，则是指当新的事物发生时，会担心生活发生变化，所以怀念旧的状态。这是人之常情，就像家中养的小鸟看到一只外来陌生的鸟飞过来时，也会紧张、戒备一样。

我初到美国参与美国佛教会的时候，佛教会的许多元老对我既是欢迎，却又担心。欢迎，是希望我给他们一些新的奉献；担心，是怕我会玩什么花样，所以似乎有一点不安。于是我跟他们说："你们不要期待我太多，也不必那么害怕我。我来就是要参与团体、适应团体，但是我有我的成长背景、优缺点与做人做事的原则，因此可能会给大家带来一些好处，但也可能造成不便。无论好坏，都请你们包涵、接受我的整体，我会尽量配合大家，让大家满意。"

进入新的团体，要能够入境随俗，学习、了解与适应这个文化。等到能适应与融入团体时，它就会变成你的团体，而你也就代表这个团体。

人都有习气，习气指的是自我的主观、自我中心、自我的价值观、自我的自尊心；这些自我最容易伤害人，也最容易被伤害。凡是自我中心非常强、主观意识非常重的人，烦恼一定多，不但会伤害自己，也会伤害别人。

如果能全心全意投入团体服务奉献，虽然工作可能很忙，却会忙得很快乐，累得很欢喜，因为这是自己愿意做的事。能以这种心态工作，不但身心都愉快，工作品质也会很好。

工作便利贴

人都有习气，习气指的是自我的主观、自我中心、自我的价值观、自我的自尊心；这些自我最容易伤害人，也最容易被伤害。

如何向"智者"请益?

　　所谓的"智者"是谁?三人行必有我师。智者并不一定要去找苏格拉底、柏拉图,智者就在跟我们相处的人,甚至是跟我们聊天的人当中。譬如有些人的突发奇想,我听了之后,觉得如果由我来执行可以做得起来,我就采取这些想法,那这个人就是我的智者。

　　智者就是头脑清楚、沉得住气的人。也就是说,对这件事情的关键,你清楚、你有良方,你就是智者;对那件事情的关键你不清楚,你有盲点,你就不是智者。但那也并不表示你的智慧、能力超过其他人,或不如其他人。

　　我通常聆听很多人的意见,觉得可以实施、可以做的,马上照着做;如果需要经过一段时间思考、协调、沟通的，会请大家共同思考，一起来解决问题。虽然透过大家共同讨论，解决问题的效率可能较慢，而且大众的意见有时是分歧的，有时是不够成熟、不够全面的；有时只是从个人所知的、有限的角度来看问题，所以必须听完以后再来全盘检讨、协调。

民主社会是由大众的智慧共同促成，因此不要以为自己只是一个微不足道的小角色，所以不需要主动提供意见。如果必须上面讲一句，你才跟着做一句，这样不就变成了被动的算盘珠子？

好的工作人员都有自己的想法、看法，并且能与他人分享及沟通。但如果你知道怎么思考，却习惯单枪匹马，独断独行，无法与其他人共同配合，那也很麻烦。譬如，四匹马拉一辆车子，你这匹老马知道路怎么走，其他三匹不知道，结果你拼命跑，让其他三匹马跟得很痛苦，最后你这匹马一定会累死了。我举这个例子的用意是，每一个人都应有自己的思考、想法、作法，但是必须和大家共同来协商，不能独断独行。

至于能力较不足的人，大都是希望主管帮自己安排好工作计划，然后只要照着做就好，像是遇到问题

了，就问："那我接下来要怎么做？"这是最糟糕的
部属。但是有些主管喜欢这样的部属，因为很听话，
叫他做什么就做什么。可是这样不但无法培养部属独
立作业的能力，一起分担工作，自己反而更忙更累。
所以，主管虽然必须把事情的来龙去脉弄得清清楚
楚，但不是什么事情都非要自己去做不可，应该也给
部属一些发挥的机会，让他们也能磨炼成为智者。

工作便利贴

每一个人都应有自己的思考、想法、作法，但是必须和大家
共同来协商，不能独断独行。

如何专注于当下的工作？

最近我看了《今天的风，是什么颜色？》（今日の风、なに色？）一书，内容是描写日本一位全盲的天才少年音乐家辻井伸行（Nobuyuki Tsujii）的故事。他自小就眼盲，但是他的母亲不仅没有放弃他，还发掘出他的音乐长才，并培养他成为一个音乐家，十岁就获得全日本青少年 PTNA 钢琴大赛冠军。目前他已是日本、台湾都知名的音乐家，曾经到过台湾、莫斯科、美国夏威夷等地演奏。

从他身上我们可以发现，每个人都有他特殊、能够发挥的专长，只要锲而不舍、全心全力、不改初衷地往同一个方向努力，一定可以做得很好。所以，确立人生方向非常重要，切忌摇摇摆摆举棋不定，今天想这样、明天想那样，方向一定要正确、明确，不要随意变更。

我曾经写过一封信给在日本留学的弟子，我说："师父没有其他专长，唯一的优点就是'专'。"也就是说，在某一个时段，为了某一个目的、某一项工作，绝对锲而不舍，直到完成为止。我不会受任何状况影响，而放弃或改变之前所设定的目标或工作。

譬如我在写博士论文时，我的目标就是要完成论文，所以，我不会去管任何与论文不相干的事物。我参与的活动都必须和我的博士论文有关，否则我不参加；我看的书也必须和我的博士论文有关，否则我不看；因此，我的博士论文很快就完成了。因此我也建议我在日本留学的弟子，不要学得太多、太杂，样样都学的结果是一事无成。

在此，我也劝勉大家，不管你的未来如何发展，要把你生命的力量集中在当下，尽全力来做事。不要人在这里，心里却还有许多其他杂念；站在此山望彼山高，或"身在曹营心在汉"，这样就麻烦了。

应该全心全力去完成你目前的工作，在什么阶段就尽力完成那个阶段的工作，并且持续不断地改善，把它做得更好。这样才能更加成长，即使离开了这个职务，也不会觉得这段时间是浪费掉了。

在贯彻目标的过程中，工作态度也很重要。如果你对自己的工作，只是签个字，请示上级怎么处理，或只是把它交给下属，让他们随自己的意思去研究处理；一旦发生问题、追究责任时，就归咎于上级没有指示，或怪罪下属没处理好，那么你就只是个"推事"，只会向上呈报、向下转达，并没有好好珍惜这段生命。像这样的人不管担任什么职位都学不到东西，无法成长，这就叫作"尸位素餐"，非常可惜。而正确的工作态度，应该是无论这个工作你会或不会，都要尽全力一肩担起，直到把它做好为止。

如果本来应该要交给你的工作，最后却交给别人，不让你负责，这时候就要好好检讨了。是不是自己不够负责？或是因为没弄清楚自己的职务，所以没把工作做好？结果你原来是属于核心的人，渐渐变成边缘人，然后自然而然就会想要离职，成为局外人了。

如何与同事互相支持、分担？

　　我们人的两只手虽然各自独立，但是当需要双手同时拿东西时，左右手会自动互相支援；双脚也是一样，只有两只脚交错地走，才可以走得快、走得稳。

　　管理的原则首重互助合作，任何团体都是由一个一个单位组成的，但是彼此间仍要互相配合，就像双手双脚一样。需要沟通协调时，要主动积极，而不是被动等待，帮助人也要主动。但主动的人比较辛苦，因为一旦出了事，往往就被认为是多管闲事。所以，一般人由于怕受伤害、怕惹麻烦，往往抱着多一事不如省一事的想法，不愿采取主动。然而，这种想法是不正确的。

　　另外，部门间最忌讳单打独斗，如此不仅影响整体决策，有时也造成资源的浪费。当需要其他单位支援时，可由主管先征询该部门主管的意见，是否能支援人力、物资或其他协助。如果不能支援，能不能给予意见？如果最后还不能给予任何支援时，就要再找上层主管处理；若经协调、沟通、商量，还是有问题发生，那就要自己负责了。

同事间也是一样，虽然各有各的职掌，但部门是整体的，不能互不相干、互相对立。彼此间要互相支援，才能灵活运用；即使帮不上忙，也要互相慰勉，感觉每个人都是自己的后援支持者，才不会落入单打独斗、孤立无援的境地。

在实际工作时，常有一种情形发生：有外面的人或另一单位的人来询问你们单位的事，但因为不是你负责的事，就马上推说不知道，该问谁不知道，怎么办也说不知道，一问三不知。虽然不是你负责的事，但是应当知道类似范围的工作是谁负责的，怎么可能不知道呢？应该尽力为对方解决问题。

也曾见过单位与单位之间有这样一问三不知的情形，当然可能还有另外一个原因，就是权责划分不清楚，或是刚好没有人负责。如果是没有人负责，一定要马上主动地承担，尽量解决问题。

就好像有人不在座位上，如果他的电话响了，你不肯帮忙接，很可能就耽误到业务；那么下次当你不在座位上而有紧急电话时，他也不会想要帮你接。像这样把工作执掌分得清清楚楚，就好像分配喝水的量，那一杯是他的，这一杯是我的，没有弹性变化的结果，彼此之间没有互动、没有支援，那这个团体就变成一滩死水。

彼此支援，是在尽义务，并不是抢别人的饭吃。别人做不完的，我们要帮忙做；即使有人工作品质差、工作效率慢，我们也要慈悲他、帮助他。连对外面的陌生人，我们都会帮忙了，更何况是在同一办公室的人，为什么不能支援一下呢？

虽然每个人都有自己本分的工作要先做，但看到同事有困难而不帮忙，那最后受损失的是整个团体。团体受损失，其实也是自己损失；反之，如果团体运作顺利，个人的工作品质、工作效率和工作量也会提高，无形中等于是帮了自己，也促进了彼此的和谐。"德不孤，必有邻"，你尽自己的伦理、责任努力工作，别人也会跟着这么做；你身处在和乐自在的团体，自己当然也得到好处。

在同一个部门里，每一成员都是部门的一部分，大家既然是同一个团队，就是一个生命共同体，而不是单独一个人。因此，当主管分配工作后，每个人都要尽力去做，也许你做得不是很好，但其他的人可以协助你；大家互相帮忙把工作做得更好，整个单位的品质就提升了，效率也提高了，不仅表现出对团体的支持，也会得到社会的肯定赞叹。

工作便利贴

团体运作顺利，个人的工作品质、工作效率和工作量也会提高，无形中等于是帮了自己，也促进了彼此的和谐。

如何让沟通协调顺畅?

现代的管理和过去军队所说的"统御术"不同;现代管理的观念,是以服务代替管理,以教育达成管理的目的,以关怀来完成管理的任务,并且是讲组织、讲效率、讲整体化的。如果一个团体失去整体性、失去整体运作的观念,每一个人都是各自为政的独行侠,那就不能发挥团体的功能,也就不能成就大事业。

既然是整体的,不管你的职位是大是小,每一个人都代表了整体。但是我们常依我们个人的立场来要求团体配合自己。然而,每个人都有自己的性格、立场,要求团体来配合你一个人,这样做对吗?相信没有一个人认为是对的,但我们表现出来的往往就是这样子。如果每一个人、每一个单位的主管都是这样的话，独行侠就出现了，你要求我，我也要求你，你不配合我，我也不配合你。虽然大家在观念上都知道要互相沟通、彼此协调，但是在行为上却办不到。

整体感必须藉成员间的沟通协调来建立，但彼此间就是缺少一种主动沟通协调的观念，常常被动等待，不愿意主动将手伸出去。如果自己能主动将手伸出去，沟通协调一定做得好，因为只有你自己知道哪里沟通不良；当你感觉沟通不良的时候，就要自己主动去沟通，以友谊的态度，一次、两次、三次、四次，不断地去努力，而不是一直处于等待的被动状态。

如果是同一部门沟通不良的时候，可透过上层主管来协调。譬如一个组的组员间不能沟通时，就由上层主管来协调；再不行，主管之上还有一级主管可以帮忙，一层一层地往上呈报，没有一件事是没人管的。为了让工作顺畅，彼此之间一定要主动地协调、善意地沟通；制度本身是死的，但人是活的，所以运作时一定要灵活。

如何建立团队中和谐的关系？

在团体里工作，工作的成效建立在人员间的关系，关系和谐，工作才能进行顺利，我提供"行事六要领"做为参考。

一、坚守原则

所谓"原则"，指的不是个人的原则，而是整个团体的原则。我们每个人都有发挥自己才能、意见的空间，但必须在整个团体的大原则之下去发挥，才不会失之偏颇。

也就是说要讲究"整体感"，而这整体指的是整个大环境、大方向、大原则。个人是整体中的一员，应学着配合整体，一起来推动。不能因个人因素而要求整体来配合你。好比一排木头绑在一起成为一个整体，其中有根木头自认是整体之首，要求整排木头跟着自己跑，这样是错误的，这是"个体"而非整体。因此，个人有所要求时，应考虑是否合乎整体原则。

除了团体中的大原则外，各单位也应有其个别的原则、政策，甚至是个人负责的某部门的某项工作职务也应有其原则，但是要以不违背大原则为前提。但"子法不离母法"，就好像国有宪法，其下有种种法令，皆以不违宪为原则。因为要坚守原则，工作才能掌握得好。

二、充分授权

这是指上下之间的关系。在上位者必须充分授权，以方便下属行事，否则事事指挥、干涉，下面的人遇事无权处理，会造成事情停滞，效率不彰。至于下对上，则应事前请示，事后报告。然而充分授权后，并非完全不管，仍要常常关心、督导，这样才能维持工作品质，不会发生结果与预期不符的情形，而有木已成舟，挽救不及的遗憾。

三、尊重他人

　　人与人相处要相互尊重，常常心怀感恩，即使上对下也要心怀尊重。尊重并不是同情，而是：第一、尊重对方的想法、意见和人格。如果不许对方有意见、想法，会让对方在工作上无法产生成就感。所以，不要坚持一定要按照自己的方式做，只要不损害整个团体，能把事情完成即可。第二、尊重他人的能力。每个人的学习能力、适应能力、基本能力都不一样，各有高低，不能要求每个人都相同，或者和自己的能力一样。即使有人表现得不够理想，但既然已录用他，仍然要保持尊重。虽然对方的工作态度和我们不合，但我们千万不可以恶言相向，这是基本人格的尊重。

四、关怀对方

　　这里指的不仅仅是工作的关怀，情绪、身心、家庭等皆需要适当的关怀。随时主动去关怀他人，见到有人闷闷不乐，给予一点慰问，也许对方的心结就会打开。而主管对于职员的情绪应有所注意，并加以主动关怀，而且应该要普遍地关怀，不能只关怀其中一、二位，否则可能会造成其他人内心的不平衡。

另外，大家也不要"撒娇"或耍花样，故意引起别人来注意自己、关怀自己。大家同在一起共事，应该是主动关怀他人，不增加别人的烦恼，并懂得"把烦恼消归自心"，最好是自己就能解决自己的烦恼和问题。

五、主动沟通

无论上对下、下对上，平行之间都要主动沟通。在此特别强调由"自己主动"沟通，而非等待、等着别人来与你沟通。主动与人沟通时，最好自己先有腹案，想好该如何做，预先设想可能遭遇到的困难，并拟好解决或替代方案。如果只是丢个难题要别人做，这样不但事情做不起来，也容易产生是非。而当事情无法获得解决时，就很容易对环境产生不满，觉得处处障碍，心里痛苦，甚而相互怀疑，如此一来，整个团体便不能和谐融洽。

　　想要完成任务，一定要采取主动、尊重的态度与人沟通。那么如果遇到挫折，无法跨越时该怎么办呢？有时并非环境不通，而是自己不通，这时候就该"山不转，路转"；如果还是不通，那就"路不转，人转"；如果还是行不通，最后还有一个法子，那就是"人不转，心转"。行不通的原因，有可能是想法、企划的本身不可行，这时自己的观念就要改变，心改个方向就好了。不要心有不甘，一直执着原来的想法。

　　即使到了上天下地、左右全无路时，还是有一条路——死路一条，死路也是路啊！天无绝人之路，既然老天要我死，也只能如此了；能够勇敢面对现实，心也就不会感到那么痛苦。

六、随时检讨

　　所谓"检讨"，是检讨"自己"，不是检讨别人。无论是沟通不良、工作不顺利、别人待我们不好，甚至把责任推给我们，都要检讨自己，是不是自己有什么过失才会造成这种情形。如果一再自我检讨、努力与对方沟通，仍无法改善，可以反应给主管知道，如果主管也不认同你，无法解决你的问题，那么就请谅解对方、接受对方吧！毕竟都是一起在团体成长的同事。

我们应随时检讨自己的工作品质、工作成果。完成一项工作后，要开检讨会以谋改进，但是不要变成人身攻击，否则下次便没有人愿意与你合作了。我们应该要多赞叹、慰勉他人的付出、贡献，并针对缺点来做检讨。

工作便利贴

在团体里工作，工作的成效建立在人员间的关系，关系和谐，工作才能进行顺利。

如何培养工作团队的整体感？

　　身处在日新月异的时代中，我们一定要了解时代的脉动，否则就是关在象牙塔里，自己一味说自己好，可是别人却听不懂你在说些什么？如果你希望别人了解你、接受你，就必须先了解别人、接受别人。但在别人接受自己之前，也要先了解自己，否则连自己都不清楚自己，还希望别人接受自己，这根本是不可能的事。

　　同样地，一个团体如果缺乏整体思考、不认清团体的目标，只能看到局部而看不到整体，各单位就会造成单打独斗、各自为政、本位主义，成为团体的致命伤！

　　一个团体的整体思考是从领导人开始的。所谓整体思考，就是要思考团体总体的人力、财力，以及领导人本身的智慧；也就是必须对团体所能够运用的全部资源都了若指掌，如果领导人不清楚，那么整体就很容易发生危机。

就好比说，我们的身体有一只脚没有神经，外表看起来好像没有什么问题，反正它不痛也不痒，没有什么作用，但是整天拖着它走，开门关门、进进出出，总有一天会被它绊倒，就像俗语说的"拖后腿"。到底是谁拖住你的后腿？其实是因为自己没有注意，忘掉了还有一条后腿，所以问题就发生了！

如果你觉得问题尾大不掉，或是部属不听指挥的时候，首先要检讨自己。像我如果遇到这种状况，一定先反省是不是自己带领的方法哪里有问题，是不是哪里自己没有考虑周到，然后再和对方沟通。沟通以后，如果我真的没有错误，那一定是他对我有误解，不了解我的想法。因此，我会花时间来跟对方说明沟通，好好地"谈心"。

曾任美国大觉寺住持的仁俊老法师是我的老师，我刚到那里时，他常常找我说："圣严老弟，我来跟你谈谈心！"其实，我是他的学生，但他对我仍非常地尊重和客气，谈完以后，我就会觉得满窝心、满受重视。所以，如果我的弟子也有这种情况，我会学我的老师仁俊老法师，找恰当的时机与他谈心，让弟子们感到窝心。

上位者如果对下位者的情况不了解时，用沟通谈心的方式比较好。原则上，我们在工作时，要从整体方向来思考，如果发生紧急事件，有时候没有时间考虑到整体，譬如，本来我希望这样做，但是执行者已经那样做了，这时候我绝对不表示意见，因为箭在弦上，不得不发，此时不要想去改变，否则那个箭会对着你发，非常危险。

有时候我会用商量的方式问："现在这事情已走到这种地步，是不是箭在弦上，不得不发了？"如果对方说："是！"我会说："那你就发吧！"让他发出去再来善后。如果还没有到不得不发的程度，那就还可以商量。

但是不一定只有团体负责人要思考整体问题，事实上，每一个人都是负责人。任何一个岗位上的人，你做的任何一件事、一个活动，都与全体息息相关。所以，任何人在做事时，一定要考虑到自己的所作所为势必会"牵一发而动全身"；因此必须与团队沟通讨论，才能审慎地踏出每一步。

如果你希望别人了解你、接受你，就必须先了解别人、接受别人。但在别人接受自己之前，也要先了解自己，否则连自己都不清楚自己，还希望别人接受自己，这根本是不可能的事。

如何与主管合作？

上对下的整体感，建立在上对下的互动与了解；而下对上的回应态度，则要体谅、服从。但体谅、服从不是单方面的，要以不感到困扰为标准，如果感觉困扰了，还是要向上申诉说明。

所谓困扰是什么意思？发现主管交办的事现在不能做、做不得、做不起来的，则要申诉说明。譬如我掌握整体方向、整体原则，并且交代任务，至于如何执行的细节，我是授权的。但是我还是会了解执行的方式、进度如何等，所谓"智者千虑，必有一失"，有时候执行的部分，也需要从另外一个角度来看。

因此，"事前请示、事后报告"，这是做部属的人应有的修养和责任。因为事前不请示，主管不知道你在做什么；事后不报告，主管不知道你的困难、问题是什么？任务完成到什么程度？成果是什么？

事前请示并不是说大大小小的事全部请示，而是说明一个任务交给你以后，你如何执行这个任务，必须先把自己的构想向主管请示。如果主管说："这件事不必请示，你自己做就好了，我相信你一定做得好。"那你就不必请示。如果主管问："你事情做到什么程度了？"在事情完成到一个阶段时，你就可以先请示一下。在请示的过程之中，主管对执行的情况可能不是很了解，你可以做些说明，说明之后还可以修正与沟通，不要主管给你一个命令，就马上抗拒。

人与人之间的关系是互动的，由于彼此之间的想法、作法可能都不大一样，所以要培养默契。人与人之间若缺少默契，共事会很辛苦，但是默契不是一天养成的，需要有时间。所以，每新进一位人员，主管就要适应这位新来的同仁，而新来的成员也要适应这里的主管，彼此互相学习如何来达成默契，这就是有整体感。所以，整体感是上下左右互动的关系，合作无间就叫作默契。

大家都玩过"老鹰抓小鸡"这个游戏，老鹰抓小鸡，母鸡保护小鸡，小鸡一定跟着母鸡，这就是团队的精神；小鸡如果脱队，就会被老鹰抓走。在团体中也是一样，在团体里面，要接受领导人的指导，绝对服从领导人的指挥；但是领导人也一定要考虑到这群小鸡，如果领导人的工作能力特别强，而部属的表现比较弱，小鸡一旦跟不上，就会被老鹰抓走了。所以，母鸡一定要时时刻刻照顾小鸡，常常注意是不是跟上了？而小鸡也一定要拼命地跟着母鸡，因为如果不跟着母鸡，就会被老鹰抓走。

团队的精神、伦理观念如果不明确的话，一是力量分散，二是彼此之间的合作气氛不会很愉快，因此，培养团队的整体精神与敬重伦理，是非常重要的。

如何让公司和喜自在？

　　团体与个人之间是互相依存的，公司里每一个成员都是公司的代表，因此，当你与外面的人接触时，他人便从你身上体会、感受到你公司的文化特色。

　　我想大家都曾有过这样的经验，当你到达某一个地方，很自然会从你接触到、看到的人事物中感受到某一种气质，而对他们产生评价。像我在美国访问过非常多的大学，发现每个大学都有自己的风格。每次一踏进去，首先映入眼帘的就是校园、建筑物等硬件，从这些硬件设备的风格中，就会先产生第一印象，再与该校师生或行政人员互动后，他们的气质便与之前的印象慢慢融合，就形成我眼中的"校风"。所以，团体带给人的第一印象，通常都是从周遭环境开始，再来就是在里面服务的人。因此，只要你在公司服务，你就代表着你公司的精神。

另外，与人接触时给人的感受，最重要的就是"和"。

譬如，法鼓山有一年以"和喜自在"做为当年的主题，我发现多数的人只是把它当作吉祥话，或是一个标语，贴在自己家里或门上，好像只要贴在那里，就能够和喜自在了。但只是这样贴着，有用吗？人际间不和时看一看、不欢喜时看一看、感到不自在时，再看一看，那就真的"和"了吗？

"和喜自在"不是标语，如果你不愿意改变自己的心态，包容他人，那无论贴或不贴，或贴的是什么，都没有办法做到"和"。

"和"所强调的是，与任何人互动时，都要和颜悦色，然而它并不等于放纵、不要求品质。简单地说，和颜悦色就是能够放下身段拜托别人，若是对方拒绝，我们还是应该说"拜托、拜托"。该要求品质时还是要要求，只是当我们提出要求时，要和颜悦色，没有必要怒目相向、大声说话。

还有一点要特别注意的是：有些事面对面时经常说不出口，因为恐怕对方生气，所以最后干脆就不说了，这可说是我们华人社会常见的一种情况，也可说是多半华人的习性。明明有人在你面前放肆，明明他做了我们不许可的事，但是为了不伤和气，只有睁一只眼、闭一只眼。这就是孔子所讲的"乡愿"。

譬如有人在办公室里偷偷地抽烟，大家不好意思当面指正，却在他背后嘀嘀咕咕地批评，到最后，可能有人会想，反正都有人抽烟，那我们也可以抽，而这样就糟糕了。遇到这种情形，我们应该进行劝说，不要担心这样会得罪人，因为这是在帮助对方改进。相反地，如果不当面劝说，反而在背后讨论，也会影响到其他人，让人生气、烦恼。而他今天抽一根，没有人劝阻，到后来愈抽愈多，这就很糟糕了，加上若有人起而效尤，那就更不好了。所以一旦看到了有人做出不许可的事，还是要善意地沟通。

我在这里只是举抽烟为例，其他事情也应该举一反三。譬如，有些人在办公室说话，大声扯着喉咙用喊的，叫来叫去像是在菜市场里卖菜，如果有这类的状况发生，那就要提醒他们，请他们声音小一点。但是在沟通的时候，要先向对方打个招呼，然后再做沟通，根本不需要吵架，也不会得罪人。相反地，如果你也指着人大叫，这样就伤和气，就是你不和了。

　　大家只要能在工作中发挥和喜自在的精神，如此一来，和喜自在就不会成为一个口号罢了，而能够真正地提升人品。人品提升了，你自己就能够心和、口和、人和、我和，工作得很快乐、很健康。

工作便利贴

团体带给人的第一印象，通常都是从周遭环境开始，再来就是在里面服务的人。因此，只要你在公司服务，你就代表着你公司的精神。

如何应对得寸进尺的人？

　　亚都丽致大饭店总裁严长寿先生曾送我一本书，书名是《仆人：修道院的领导启示录》（*The Servant: A Simple Story About the True Essence of Leadership*）。内容是说美国一位非常杰出的大企业家，在他事业到达顶峰时，毅然把公司交给别人，自己却到美国修道院里做了修士。而后他在修道院特别为企业界的人士，尤其是管理阶层，或是希望成为管理阶层的人士开课，这本书就是他上课的内容。

　　其实他的观念非常单纯，就是以"仆人"的心态和思考模式来做管理工作。这个观念其实是来自于《圣经》，因为耶稣曾说他是上帝的仆人，所有的信徒也是他的主人，他是为所有的信徒服务的。当他为信徒服务时，面对的是上帝，所以他是以仆人的态度来服务所有的人。

佛教里也有这种观念，就是行菩萨道的人，将所有的众生都视为现在的菩萨及未来的佛。当你把所有的人都当成菩萨来看，都当成未来的佛来尊敬，就不会有不礼貌的举止和言语，也就能做到相敬以礼，自然能和谐融洽。

但是，这里却隐含着一个问题，那就是有一些人会"得寸进尺"；你对他愈客气，他就愈来愈嚣张、愈来愈不服从。这该怎么办呢？

诸位听过"先礼后兵"这句话吗？礼貌与尊敬是应该的，尊敬别人，也是一种自重，但如果对方不接受，那是他不尊重自己，因为接下来，就要开始"要求"了。

但我们在要求人时，没有必要吵架，也没有必要拍桌子、翻脸，还是应该和颜悦色。你可以诚恳地、耐心地告诉对方，希望大家一起好好地把事情做好，不要争吵。我想，即使对方不愿意配合，经过你一而再、再而三地要求，最后他自己也会知道自己做得不好。

关系，要能够配合才能长久。团体有团体的制度、纪律，今天你是认同了这个团体的制度、纪律，接受了薪水的条件，才愿意来的；若你不接受，你也可以离开。事实就是如此，既然在团体里，就要接受这个团体的制度和纪律。

因此，我以"先礼后兵"来劝勉大家。但"兵"指的不是骂人、动拳头、拍桌子，态度仍然要有礼貌，要有尊敬之心。也不能用粗鲁、恶毒的语言或刚强的语气，因为这些语言都会让人觉得刺耳。所以人与人互动时，应该要如此，这样才能真的和气。

假使你能够做到"和"，你就能快乐、喜悦；你跟人不和，你跟自己也不会"和"的。因为你跟人冲突，自己心里是不平衡的，不平衡的话，心里就不会快乐。所以要工作喜悦，一定要先与人和谐相处。

如何在工作中得到成长？

　　做事的时候，一定会有阻挠或遭遇困难和挫折。因为每个人有自己的想法、性格，每个团体也有其团体的性质与风格，因此，当要结合许多人或团体共同促成一项活动时，就必须付出耐心。

　　做事要有耐心，首先要做好遭受挫折的心理准备。当有面对挫折的心理准备时，所面对的就不是挫折，而是挑战；如果没有心理准备，所遇到的就是真的挫折。

　　像法鼓山每次办活动，难免都会有义工因为受挫折而感到无奈与无力感，虽然每次活动结束后，我们都会检讨，但结果只能尽量减少再犯同样问题的机会，下一次仍然会有新的问题出现，因为只要有新的义工加入，就会有新的状况发生。虽然如此，每当解决问题、完成工作后，又觉得得到成长，觉得付出有价值，所以就愈挫愈勇，继续努力下去。我们就是这样从挫折中走过来的。

除了培养耐心、克服挫折外，在工作中也要不断提升专业的能力。譬如以前的办公室没有计算机，但是随着电脑的普及，现在每个工作人员几乎都备有电脑，因为身处今日社会，如果没有电脑、不会电脑，那么工作效率、工作品质都会受到影响，无法胜任重要、紧急的工作。不论是做什么工作，都要要求自己达到专业的标准，每个工作都有它的专业，即使是接待、主持、司仪、厨房，甚至打扫厕所，都有它的专业。不会的就要学，可以向主管学、向同事学，或是安排学习课程，否则将无法把工作做好。

服务的精神在工作中也相当重要，做生意、开商店的人常讲："顾客是我们的衣食父母。"要以爱护、珍惜顾客的态度与精神，提供服务。大部分的人对你的公司不一定了解，对你的认知也不一定清楚，甚至他们可能只是想试探一下。但是，不论他们抱持着什么态度来，都要秉持"顾客永远是对的"的心态来服务他们。让人不但愿意来，来了以后还会继续再来，能够这样就成功了。你不但服务了一个人，自己也在过程中得到成长，让自己的涵养愈来愈好。有了这种良好的服务态度，你到什么地方工作都会成功。

团体如果要成长，就要工作专业、服务圆熟。服务态度要"内方外圆"：内方就是做事有原则，不会受到外面的影响而变动；外圆就是做人要圆满，不要伤害人，让每一个来到公司的人都能留下好印象。

在工作炼心的态度，就是要柔软。所谓"柔软"，就是待人恭敬、有礼貌；"敬人者人恒敬之"，是人我之间沟通的不变定理。譬如同样一件事，你先承认自己的错误，通常对方也会跟着让步；如果互不退让，就会僵持不下而起冲突。

所以，不管谁吃亏，谁占便宜，我们都要常说"对不起"或"谢谢"，只要承认自己占了便宜、让对方吃了亏，对方就会觉得受到尊重，而能继续合作。

除了态度要谦恭外，还要主动沟通，而不是被动等别人来沟通。虽然事情的负责人可能是别人，但是如果他不处理，你也会受影响，所以，我们要感谢别人帮忙。有冲突时，要用诚恳的态度致歉，用感谢的心沟通，不要随便指责对方，这样才能良性互动，人与人之间才能和谐相处。

其实人事的顺利，还是要建立于平时的互动，彼此有热忱的互动，才有高昂的士气。所谓"互动热忱"不是干扰人、干涉人，而是共识的凝聚。工作部门可以定期聚会，让彼此有机会互相鼓励、激发活力。如果主管能寻找适当时间为自己的组员打气，确实带动团体气氛，这样自己的士气也会饱满。万一主管不打气，甚至自己也没气，那么部属会更没士气，慢慢就会失去工作热忱。毕竟部门上下是一体的，会互相影响。

我们要珍惜工作的机会与工作的环境，不要一遇到不顺利、不顺心，就想换工作，这样一来，即使你的工作经历看起来多姿多彩，其实没有安定感和稳定性，也没有着力点。所以，在任职以后，希望能做长远的计划，尽量地学习，让你的工作品质提升，人格品质也藉此提升。

而我对资深人员的期许是：不要沉缅于过去的岁月，觉得过往的成就真是美好，非常值得怀念。人的生命不能老是停留在过去，应该往前走，吸收新的专

业知识、新的观念、新的方法，才能让自己随着团体
一起不断地成长。

工作便利贴

当有面对挫折的心理准备时，所面对的就不是挫折，而是挑
战；如果没有心理准备，所遇到的就是真的挫折。

如何落实办公室环保？

进入二十一世纪后，每个团体与个人都应该更重视环保，因为地球的资源有限，如果没有环保意识，未来将没有生存的空间，也无法永续使用现有资源。

不论是个人的生活环保或办公室环保，环保观念和体认已成为世界趋势，但我们除了要有明确的环保意识外，更要身体力行来落实环保生活。而落实的方法就是减少浪费、少制造垃圾，珍视、爱护、回收、重复或甚至于永续使用自然资源，多用智慧过简朴的生活。其实，在非常精简朴实的生活中，一样能过得舒适自在。

环保，可先从个人周遭做起，包括私人与公共环境，对于资源尽量不破坏、糟蹋、浪费，随时随地注意维护环境的整洁等。周遭环境是给人的第一印象，因此，在办公室里应该要有环保观念，譬如保持办公桌的桌面整洁，桌上除了电脑、电话之外，不应该有其他的东西；办公桌周围及底下，也要维持净空。也许有人会抱怨东西就是那么多，没有办法不堆放，但如果老是这么想，那么办公的空间永远不够用。其实只要好好地整理、规划一下，还是可以办得到。但是如果没有规划，没有动头脑思考整理，那么办公桌就会到处都堆满东西，使得办公室看起来很杂乱。

因此，要注意办公室形象，最好是让别人一进到你的办公室，就有干干净净的感觉。办公环境本来就应该要有纪律，如果到处都是凌乱的东西，那表示这个公司缺乏纪律，办事能力可能就要打折扣。正所谓："如入鲍鱼之肆，久而不闻其臭。"如果办公环境脏乱，不知不觉中，办公室的空气和气氛就会不好，这样容易导致昏沉，以致工作效率下降。

譬如我参观过几个大银行、大企业的办公室，都是干干净净、清清爽爽的，不但档案分类好放在各式各样的柜子里，文具也放在抽屉里，保持桌面净空，这就是有纪律的办公室。当公司的办公文化能提升，员工的工作精神也会一起提升。因此，办公室应该随时随地都要保持得很干净、很清爽。

环保融入生活与工作的方法之一，就是尽量不要制造垃圾。其实，只要我们在丢弃东西前，能再三考虑是否能重复利用，就能减少垃圾量。我们经常是"需要的不多，想要的太多"，而造成不必要的浪费。所以，我们选择物品时要着重实用和坚固，生活环境也要常保整齐、清洁与简朴。生活简朴就容易整理，不会凌乱；生活太复杂，就不容易整理。

但如果我们的欲望太高，买精品、用名牌，凡事都要比高级、比豪华，这样物欲横流的结果会很糟糕。有人认为精品、名牌虽然昂贵，但是品质好，可以用很久，也可以留给下一代。这话听起来似乎有理，但是精品通常具有流行性，等新流行的精品来了，照样还是会买回家去。这样家里的东西就会愈来愈多，用也用不完，卖也卖不掉，最后只好拿到跳蚤市场当成不值钱的东西来卖。

特别是现在经济不景气，如果每天能节省一些不必要的花费，那么生活的收入即使少一些，也还过得去，不论在家或在办公室都要尽量节省资源、惜物爱物，做好生活环保。能够养成节省的习惯，这样也是功德一件，浪费了就是损福。

环保融入生活与工作的方法之一，就是尽量不要制造垃圾。其实，只要我们在丢弃东西前，能再三考虑是否能重复利用，就能减少垃圾量。

如何培养惜福的观念？

　　台湾已进入发达地区之列，不仅消费能力惊人，制造出来的废物及垃圾量更是惊人。

　　实际上，我们在生活中所需要的"必需品"不是很多，所欲求的往往都是"非必需品"，因而形成了一种"浪费"。这也就是我所说的："需要的不多，想要的太多。"

　　所谓"必需品"，是指如果缺少这样东西就会危及生命安全的物品，譬如：日用品、饮食等。如果是买不需要的东西，这就是浪费；但如果是随意挥霍，即使买的是必需品，也不是一种惜福的行为。

　　譬如一张纸，做为草稿纸时，可以双面书写，等到无法书写之后，还可用来包装物品，最后再回收为再生纸。这样尽可能地利用一张纸，就是惜福。

　　同样的一张纸，有的人可以写上两、三百字，有些人却只写了三、四个字就随手丢弃，没有考虑到一张纸的制作以及得来不易，这是不惜福。然而，如果是一张对外的邀请卡，或者是奖状、聘书等，用纸就必须讲究精美，这样收到的人才会珍惜、收藏。

　　办公的人多数都要用纸，但是很少人会想到所用的每一张纸都是花钱买来的，这些钱得来不易，所以我们应该精打细算，将一个钱当成十个钱来用。

　　我认识一些国内外的大企业家，有些人虽然钱赚得多，但却懂得善用金钱，生活非常俭朴。因为他们知道赚钱不容易，公司赚到的钱是员工共同努力的结果，取之于社会，就应该用之于社会。

　　使用公众的金钱和物品，一定要节省运用，以经济效益的观点来用钱，就不容易有浪费的情形发生。然而，也不是什么钱都不要花，而是当用则用，不当用的就要节省。

　　此外，个人也应该有惜福的习惯。由于现今社会福利、养老等制度逐渐完整，愈来愈多人没有储蓄的观念，所谓"寅吃卯粮"的情形很多。以借贷而言，如果没有周详的考虑和计划，一旦发生变故，财务上就可能发生问题。因此奉劝诸位，不仅对奢侈品和必需品的需求要分清楚，也应该了解自己的经济能力，否则可能一生都会为钱所苦。

如果生活方式不知惜福，就会经常处于苦恼之中，因此，生活方式应以自我的经济能力和所处的地位为标准而量入为出。

有一些人收入不高，却常常做功德、行布施，他们认为这样也是一种"存款"方式。譬如，我知道有一位政府主管级的居士常来农禅寺，他不是坐公家配置的公务车，也不是坐出租车，而是坐公交车来的。他认为不能公器私用地利用公务车办私事，而坐公交车和坐出租车同样可以到达目的地，不如把钱省下来，每个月还可以多做一些布施，这就是惜福。一位懂得知福惜福的人，这一生一定感到很幸福。一个不惜福只知享福的人，总会觉得自己很穷，所以他的一生不会愉快。

所以要养成"当用则用，不当用则不用"的消费习惯，凡是预算、计划都要考虑到"钱"。有句话说："钱虽然不是你的，但是被你用掉的就是你的。"意思是说，钱虽然不是你的，如果你不知道惜福、浪费物资，这"不惜福"的帐就算在你的头上。

所以，在用钱的时候要考虑到是不是用多了？同样的情况，是不是有其他更节省的办法可以做成？有句话说："为公司省钱，虽然省的不是自己的钱，但是你如果能节省，还是替你自己省到了钱。"这句话的意思是说，因为你的惜福，为大众、为社会提供了更多的福利，无形之中福报就是你的。

如果是一个很惜福、能珍惜自己福报的人，别人也会同样地信任你。因此，有福的人要惜福，没有福的人要种福，福不够的人要培福。

工作便利贴

如果是买不需要的东西，这就是浪费；但如果是随意挥霍，即使买的是必需品，也不是一种惜福的行为。

第二篇

用禅心
代替烦心

遇到工作中的种种状况，
要懂得用方法调适自己，
将身心安定下来，
把工作上的挑战当成是提升自己的机会。

如何建立生命的价值观？

　　如果我们缺乏生命的意志，并且对生命价值没有正确的认识，那我们就会生活在烦恼中，常常觉得不知该何去何从。也许今天向东，明天又变成朝西，没有一定的目标方向，没有一定的立足点。

　　养儿育女、传宗接代，或是日常吃穿，虽然是我们的基本生活需求，但如果我们仅仅把这些当作生活的主要目标，那就与动物没有两样了。譬如流浪狗、流浪猫找东西吃，吃饱了以后，它们会生小猫、小狗，这就是它们繁衍和生存的需求。如果我们做为一个人，只是为了这些而奔走经营，那就跟它们是一样的。

　　假使我们生活得非常富裕，一个月能够赚得几十万或是几百万，华屋、美食、华服，样样不缺，但这能保证会过得快乐吗？这种生活是糜烂的，只追求物质的享受和刺激，而忽略了生命的意义与目标。相反地，如果我们生命的意义和生命的价值都非常明确，即使物质生活差一点也没有什么问题，我们仍然是一个健康的人。因为，只要心理健康，就能少一些执着烦恼，生命就会多一些智慧而发出光辉，这个就是精神生活胜于物质生活。如果精神生活低于物质生活，那我们就跟动物相同，动物的本能就是男女、饮食，再加上生活环境里其他的物质享受。

记得曾有一位菩萨招待我吃早餐，只见那桌上的大托盘里已经摆了三个主菜了，另外还附上花生米、豆腐乳、萝卜干、榨菜等小菜。除此之外，还有一大盘的水果，里面有苹果、芒果、橙子和木瓜。再回过头看看几十年前我师父东初老和尚的早餐，他每天都是一块豆腐乳、一碟花生米；豆腐乳还要把它切成四小块分四天吃，一小碟花生米也是吃上好几天。每次都是吃了好几口粥才夹一颗花生米，然后再吃好几口粥再夹一点豆腐乳，却吃得津津有味。他从不觉得自己的生活很清苦，总是自得其乐，活得很高兴。我很欣赏他老人家吃得那么快乐的模样，而我那时跟着他一起生活，也觉得很快乐。

又譬如，美国在流行嬉皮的年代是非常富裕的，但是过度奢华糜烂，生活反而过得并不快乐。于是有些人开始反社会潮流，放弃了自己的家庭和生活享受，变成嬉皮在街头流浪。当这个风潮过去以后，有些人因为习惯了嬉皮生活，就跑到像尼泊尔那样贫穷的国家去居住体验，虽然过得非常简朴，但是很快乐。

我曾经在山里闭关六年，当时物资非常缺乏，连牙刷、牙膏、肥皂都没有，但是我很能善用当下环境的资源来解决这些问题。譬如用盐当牙膏，用手指或将青树枝咬碎当牙刷；将落叶烧成灰用来泡水洗衣服，因为灰是碱性的，所以可以把衣服洗得干干净净。即使物资是那样缺乏，但也没有对我造成什么困扰，我依然过得很快乐。

还有，以前我刚到美国时，物质方面也是很困乏，吃的、用的，什么都没有。现在回想起来，我很感谢美国的街头，因为只要傍晚到纽约街头转一转，就有许多别人丢弃的东西可以捡拾。那时我体会到：什么都没有的时候，才是拥有最多的时候，也感受到天下之大、天下之好。

所以，贫不等于痛苦，富也不等于快乐。无论我们的生活条件如何，只要我们能建立正确的心态与观念，勇敢地面对生活，接受它、欣赏它，就容易得到满足与快乐。

佛经里常教我们要少欲知足。所谓知足，就是多也足、少也足，有也足、无也足，并不是说完全不要，一切都不要，那就不行了！而是有就要，如果少就少要，完全没有就不要，因为不要也不一定活不下去，不要有不要的生活方式。

工作便利贴

什么都没有的时候，才是拥有最多的时候，也感受到天下之大、天下之好。

如何看待自己的影响力？

  人生存在世间，都不是孤立的，而是与周遭息息相关。我们活在世间应该要先找到立足点，再一层一层地扩展思考层面，一直探索到最广大的人类历史。因此，我在做任何事之前，都会考虑到事情的影响力。先思考它对我们团体有什么好处？再思考它会为未来社会带来什么好处？对台湾有什么好处？为整个世界带来什么好处？因为我是人类历史上的一分子，所以，我还要更进一步考虑，自己对历史有什么交代？对人类有什么交代？

  不要以为自己没有名望、没有地位，对历史好像没有影响力，这是不对的观念。我曾在《读者文摘》（*Reader's Digest*）看过一篇文章，提到有关蝴蝶效应，就是在巴西亚马逊河的一只蝴蝶扇动翅膀，就会引起一连串的反应，结果在美国德州引起大飓风。巴西与美国距离满远的，怎么可能产生如此大的反应呢？这就是所谓的"效应"。一个微小的动作，会影响周围的环境，改变的环境又会再影响它周围的环境，一层一层地影响下去。

这让我想起有一次，我在佛罗里达州一位居士的家里，他的游泳池里有一个气球，我就在池边轻轻地按、轻轻地按，游泳池的水就缓缓起了波浪，波浪一层层地渐渐扩散到游泳池的四周，然后再弹回来；我再轻轻地动几下，它又退回去，我再轻轻地动几下，它又弹回来；就这样子一直来回互相激荡，风浪就愈来愈高。

其实我根本没用多大的力气，但是它的波浪却愈来愈高，当时我就告诉弟子们：一个小小的动作，就会影响整个水池的动态；其实我们一个小动作，甚至一句话，也是一样，都会影响另外一个人，如果让它持续扩展下去，影响的人更多。

因此，不要以为自己只是个小人物，不会影响人，就不在意自己的言行举止。在办公室里，如果你能当好的示范，你就是菩萨；如果不能，那也是菩萨，只是你扮演的是魔鬼的菩萨。

　　此外，我们不要专门看别人的缺点，他人的缺点是我们的镜子，他人的好处则是我们的榜样；如果总是看别人的缺点，心里只会感到痛恨，一点用也没有。如果别人有缺点，你可以帮他改善，这是好事；但如果因此心生怨恨，而把他视为"眼中钉"，那你自己也会很痛苦。你想拔掉别人，别人也希望拔掉你，那就只有相互较劲，看谁的力量大。无论是你拔掉他，或他拔掉你，最后都会沦为怨怨相报，都不是好事情。

工作便利贴

他人的缺点是我们的镜子，他人的好处则是我们的榜样；如果总是看别人的缺点，心里只会感到痛恨，一点用也没有。

如何面对自己的缺点？

　　如果要对自己多一分肯定，就必须脚踏实地多一分努力，并且对自己多一分反省；从不断地反省、不断地努力之中，就能够发现自己的长处和短处。当愈来愈清楚自己的优点和缺点，就能够截长补短、去短补长；让长处继续发展，并减少缺点的发生。如此，自信心就会逐渐增加，对自我价值的认定和判断也逐渐有把握，知己所能与所不能。对于自己所能的就要积极去做，所不能的则要避免再犯错误，不要再暴露自己的缺点。这不是掩饰，而是自我检讨，进而改进，能够这样做，缺点也可能变成优点。

　　如果没有自知之明，对自我价值模糊不清，只知道"我要"、"我不要"的话，就会在这两种心态中挣扎不已。为什么呢？因为想要的要不到，不想要的又丢不掉，那就产生了挣扎。如果每个人能够对自我都很了解，便能接受放下要不到的部分；能够得到的，就尽力把握因缘去获得；至于丢不掉的，那就表示结束时机尚未成熟，不妨暂时保留。

唯有了解自己的优点和缺点之后，一个人才能够真正自我肯定。所以自我肯定必须透过自己努力再努力，反省再反省，这样的原则是不会变的。

曾经有位专栏作家来访问我，准备为我写报导，我告诉他："举凡是'人'会有的缺点——贪、瞋、痴、慢、疑，以及喜、怒、哀、乐等问题，我多少都会有，因为我是一个平凡的出家人。"他听了之后，很惊讶地说："法师，您这么坦诚，那我们这些人又是怎么样的呢？"

虽然我和各位是相同的，但所不同的是，我知道自己的问题和缺点，不会去夸赞、夸大自己的优点。我有我的长处，但这不算什么，因为以一个出家人来看，应该要做得更好，而我没有做到这么好，我该惭愧的。我是抱持这样的心态来做人处事的。

我的身体状况一向不好，二十几岁时，许多人都认为我随时会面临死亡，连我的同学也说，我来台湾不到三个月就会死，但我不但活得好好的，而且还活到了现在。

原因是我没有想要死，也不怕死；再者，我的健康虽然很差，但我知道要珍惜时间、珍惜生命。无论在任何情况下，都要用这个身体，对自己、对他人、对社会、对人类有所贡献，绝不吝啬、不逃避，这就是我这几十年来，以病弱之躯劳苦奔波的主要目的。

我一生贫寒，从孩童到少年时代还被视为弱智的人，但是活到现在，至少还做了一些事情。我的生命一开始其实是很微不足道的，能够逐渐走出一条路来，是因为我始终不因任何阻扰、障碍而退却，也绝不会哀哀怨怨，或向命运低头。我没有任何雄心壮志，唯一有的就是恒心。

另外，我总觉得，每个人都应该有一条路可走，我在任何状况之下，绝不怨恨任何人，虽然当时的心里并不舒服，或是对自己失望，但是我不会怨恨人。

我的人生就是秉持这样的态度，走一步是一步，无论遭遇什么困难，我都认为是正常的，因为一切都是因缘和合，什么时候要发生什么事，是无法掌握的，只要抱着面对它、接受它、处理它、放下它的态度，就能较平静地看待问题。所以，对于是非、功过或得失，也毋须计较，只要平平稳稳、踏踏实实，就能成功。

工作便利贴

唯有了解自己的优点和缺点之后，一个人才能够真正自我肯定。

如何自我要求并提升自我？

　　如何提升自我？这要从提升能力和人格升华两方面来进行。如果自己能力不足，就要谦虚地学习；如果已承担某项工作，即使做得慢、做得差，仍必须全力以赴，追求更高的品质。能力改进的同时，也是在提升自我，脚踏实地来充实自己、加强自己的能力，这就是能力的提升。

　　但是，仅仅提升专业或处事能力是不够的。许多人做事能力很好，但是品德不够好。品德是什么？就是自己的人生观，以及自己对他人的心态，这两种相加就是品德。如果对人放不下，这样的人品德一定有问题，而且常常是在情绪之中打滚，也因为自己有情绪，周围的人也跟着受到波及，也就是所谓的池鱼之殃了。

有些人心地很好，待人友善，不存坏心眼，却常常被人伤害，为什么？因为自己的情绪很容易波动，一波动，就被人伤害了。多数人都认为是他人伤害了自己，实际上不是他人伤害自己，而是自己很容易受到影响。如果能够有些安定力，以及随时随地存有受挫折、受批评的心理准备，经常调整自己，就能够不受环境影响了。

如果是遇到解决不了的问题，该怎么办？就念"阿弥陀佛"圣号。这样，情绪就不会波动，也不会受人事的影响而动摇。而当我们心理不平衡时，最吃亏倒霉的其实就是自己，那才是真正累人和痛苦的，所以烦恼要比工作上的疲累更可怕。

我们和所有的人都一样是众生，所以不需要自视过高；不过，虽然我们是普通凡夫，但还是要学习菩萨的慈悲精神。慈悲就是没有敌人，没有敌人的意思，就是包容所有的人，不仅是亲人，连敌人也要包容。

包容并不等于是牺牲自我，而是把他人视为自己的一部分。因为息息相关、唇齿相依，所以彼此守望相助。小至家庭，大至国家，只要一个人动，整体都会受到直接或间接的影响。

　　由于"物竞天择，适者生存"的观念，使得在职场上存在着一种情况，认为只要赢过对方，让对方倒下去，自己才能够往上爬、站起来。其实这个观念是错误的，竞争不是要将对方打倒、比下去，而是每个人努力地提升自我。自己的成长亦会带动他人的成长，当我们每个人都成长了，自然会产生彼此的包容力。而"自他不二"，亦即自己和同仁之间是一体的，不分彼此，能够达到这样的程度，就会非常快乐。

　　相反地，如果心存敌人，那么时时刻刻都会感到有敌人出现。譬如他人工作表现比自己好，自己心里放不下，就产生了敌人；心中嘀咕着他人工作表现比自己差，那也是敌人。所以，当没有包容心、没有慈悲心时，处处都有敌人。有时甚至于自己就是自己的敌人，譬如自己和自己比较，高估自己，或是自我要求过高，一旦要求不到就恨自己、看不起自己。

　　慈悲不仅是对他人，也要慈悲自己是个众生，原谅自己。譬如当自己烦恼不已、放不下自己的时候，不要过于刻薄严苛地要求自己，毕竟自己只是普通人，如果自我要求过高，希望一定非要达到什么程度不可，结果通常是自己更加痛苦。譬如有人一定要考上医学院，但是没有评估自己本身是不是具有考上的条件，最后难免失望。因此奉劝大家，一者要自我学习成长以提升能力、品德，同时也要存着"尽心尽力第一"的态度，才不会自恼恼人。

工作便利贴

包容并不等于是牺牲自我，而是把他人视为自己的一部分。因为息息相关、唇齿相依，所以彼此守望相助。

如何超越自我开创未来?

看过许多企业界的巨子，创业的时候轰轰烈烈，曾几何时，开始走下坡，甚至一蹶不振。由于创业的时候，正好碰上时势造英雄的机会，想法和作法刚好对上了时机，所以事业就顺利地蓬勃成长。但是如果创业人故步自封，认为自己这一套最成功，甚至交给儿子经营时，也要照自己这套做，那就危险了！这就是固执自己的成就、想法、作法，而不能超越自己。

要自我超越就要常常否定自己：今天的自己否定昨天的自己，今天建立起来的观念，到了明天就要再超越它，不断地检讨，再重新出发。如果一成不变，危险可就大了。

我们所处的时代环境，是瞬息万变的。有人认为要"以不变应万变"，但在多变的环境里，人在变、事在变，气氛、风潮也在变，若以不变应万变，可能就被时代和环境淘汰了。

事情应该是有所变，有所不变，不变的是努力的目标、方向，要变的则是做事的方法。如果方法不变就没路可走了，譬如，你每天都从同样的门出来，但今天门被堵住了，如果坚持一定要从这个门出去，那大概一辈子都出不去了；但是如果愿意试试其他离开房间的方法，那就可能出得去了。这就是超越自我。

通常"自我"是很不容易超越的。自我是从一出生开始，甚至包含过去世的生命经验所累积而成，一旦养成后，往往就不容易改变，而形成"习性"。

尤其是观念的部分。其实我们应该尊重他人有不同的想法，就算是把自己的论点彻底推翻，也要欢欢喜喜地接受。因为个人有个人的知识、学问、看法和想法，这是他人的想法，而不是我的。何况，说不定过了几年以后，我改变了原来的观念，他的想法变成了我的想法，因为那个阶段的我以为这样是对的，现在的我则觉得他的道理是对的。这就是超越自我，超越自我的价值观、思考模式，以及自我的判断、立

场。超越以后才会自由自在，否则会愈走愈狭窄，最
后走进死胡同里。

工作便利贴

事情应该是有所变，有所不变，不变的是努力的目标、方
向，要变的则是做事的方法。

如何保持良好的工作精神？

　　所谓的"精神"不是声音大、神气活现，也不是理直气壮、当仁不让，更不是争吵或是拼命工作。"精神"是一种修养，是从我们的谈吐、举止与待人接物的互动中，所表现出来的素质与修养。

　　个人精神在于自信心的有无，一个有自信的人是精神稳定、对人友善的；反之，则会畏首畏尾、瞻前顾后、患得患失。什么是自信心呢？就是"知之为知之，不知为不知，是知也"，也就是我知道自己是谁。

　　以我来说，我到任何地方或见任何人，都没想要争取什么，或希望对方给我什么好处。我所想的是：对方需要什么？我能给他什么利益或希望？

　　我常常和不同领域的杰出人士或领袖对谈，对谈之前，有人提醒我，他们都是顶尖人士，一定要好好充实自己，否则没办法和他们对谈。我就告诉他："知之为知之，不知为不知。不知道的我跟他学习，但是，他也可能不知道我所知道的。"只要诚实面对自己的不足与缺点，并能不断地学习，就没什么好担心害怕的。

如果你能和别人相处愉快、合作愉快，这样的你一定很有精神、很有自信，因为你总是在关心别人、照顾别人。当你只有奉献的心时，别人跟你相处会感觉安全、安心，不会担心受伤。如果你总是讨厌别人、抱怨环境，你射出的箭一定会再弹回来射伤你自己。这是因为你的心出了问题，却还颠倒地以为是环境不好、别人不好。

一般人遇到不如意的事，就会生气，就会检讨别人。生气是错的，检讨是对的，但要检讨的是自己，要调的是自己的心，以逆向思考做正面改进，感谢逆境给我们学习的机会与经验。

心安定，环境也会跟着安定。如果你的心是慈悲柔和的，连蚂蚁都会觉得你看起来可爱；反之，连猫狗都会怕你。这是因为心的关系，环境是我们的镜子，环境反映出来的形象就是你，要了解自己是个怎样的人，就从环境中的回应去了解。

有人抱怨现在善知识难遇，如果心不调，总是在抱怨，即使遇到了善知识，也不会愿意教你什么。其实善知识就在你身边，环境里的每个人、每样东西、每个状况，都是你的善知识。它们像镜子一样随时随地提醒着你，只是你没把它们当成善知识而已。所以，我们的心，就是我们最好的老师。

工作便利贴

如果你能和别人相处愉快、合作愉快，这样的你一定很有精神、很有自信，因为你总是在关心别人、照顾别人。

如何培养工作毅力？

　　事情要成就，一定要靠毅力坚持，但人的毅力不是突然间产生的，而是因着各人的经验与体会，一点一滴培养而成的。

　　以我来说，我出生于中日战争期间，家庭生活非常贫穷，经常穷到第二天的粮食都没着落。但是我的父母不会怨天尤人，尤其在抗战期间，许多有钱的亲戚到我家避难，吃住都在我们家，最后离开时，反而抱怨我们，可说是不知感恩。

　　因为这些有钱人对我们的招待不习惯，譬如我们将家中最好的床铺让给他们，但总是不如他们家里的，所以他们来时非常客气、非常感谢，临走时却抱怨我们。面对这种情形，我的父母却告诉我们："像我们这么穷的人家，还能做这么好的好事，实在很幸运、很有福报！他们会抱怨，是因为他们没有经历过穷人生活，不了解我们拥有的就这么多了，谅解他们吧！他们有钱人能过这种贫穷生活几个月，不容易了。"

我的父母就是用这种态度来谅解人、包容人，以感谢的心来回报这些抱怨的事。所以，我从小就觉得能够包容人、谅解人是一件非常快乐的事。

我从小就知道自己是一个很笨的人，也知道自己是个没有福报的人，因为一生都是在艰困中度过，所以已习惯即使被人瞧不起，还是要自我努力，尽力去做、尽力去学。我常常告诉自己："被人家看不起是正常，因为自己没有福报、没有智慧呀！"

所以，我在佛学院的结业成绩不错，其实不是变聪明了，而是因为我努力。别人花一小时就能读好的功课，我愿意多花三、四个小时的努力。因此，我的自知之明，反而使我的不聪明和没福报成为我的优点。还有，我不会的就请求别人帮忙、协助，一点也不怕别人看不起，而这种精神我一直维持到现在。

我的师父东初老人知道我会写文章，就常跟我讲："你的智慧已够应付得过，就是福报差点，要多做事，多培福泽。"我想，是的，我不但没有福报，其实也没有什么智慧。没有智慧就多念"观世音菩萨"，没有福报就多结人缘吧！不知道怎样结人缘，那就只有尽自己的一份力，有人需要我协助，我就尽力协助他。

后来留学日本，本来去日本读书就已不容易，尤其我当时的年纪已经三十九岁，更是不容易。但我知道自己不聪明，知道自己不行，因此就以勤补拙；再者，我不怕丢脸，只要需要帮忙，无论是哪一个同学，我都会请求他们来协助我。这没什么丢脸的，因为他人的能力确实比我好。甚至是我的博士论文，我在序里也讲得很清楚："内容是我的，文章不是我的。"文章能写得这么好，不是我的日文好，而是我的老师、同学、日本朋友的帮忙，但如果我自己没有毅力，没有自知之明，我的博士论文终究是无法完成的。

我做事就是凭着一股毅力、信心，并且知道自己没有智慧、没有福报，所以能够尽量与人为善，同情人、包容人，不跟人计较，不抱怨他人。当自己遇到挫折时，会先反省自己，不会觉得是别人在对付我、

折磨我，并且感恩对方给我成长的机会，把他当菩
萨看。

工作便利贴

没有智慧就多念"观世音菩萨"，没有福报就多结人缘吧！
不知道怎样结人缘，那就只有尽自己的一份力，有人需要我
协助，我就尽力协助他。

如何保有良善的品格？

　　谦虚、慈悲、诚实是重要的品格，像是达赖喇嘛，他的谦虚、慈悲、诚实，非常值得我们学习。譬如在谦虚的部分，达赖喇嘛见到以前教过他的老喇嘛，都会非常恭敬地行礼；即使他是高高在上的法王，依然是这么地谦虚。

　　慈悲的对象是以人为主，当然对蝼蚁、动物也要有慈悲心。但如果是没有原则的滥慈悲，反而会带来麻烦。慈悲要对他人有利、有益，譬如，小孩不想读书，不是打骂就能解决问题，而是要劝勉他、陪伴他，看他发生什么问题，再慢慢地带领，也许渐渐地就会转好了。有的小孩还不到十五岁就要摩托车，如果父母顺他的意给了，算是慈悲吗？如果小孩因此发生车祸，那就不是慈悲了。慈悲一定是要为他设想，使他成长、安全、健康；表面上任由他为所欲为，并不是真正的慈悲。

至于诚实，诚实就是不要用欺骗的方式来对待人，要诚诚恳恳的。即使你是为了方便打个妄语，事后也一定要在适当的时间跟对方说明原因，请求谅解。如果万不得已必须兜着圈子讲话，还是要很诚恳地表达，不能够随便用蒙骗的话来搪塞。

诚实就是要言语谨慎，不能够轻易承诺、乱放话，或自我吹嘘，否则会伤人伤己，所以要实事求是，不要夸大。没有做的或正在构想中的事，不要马上讲出来，不然很容易给人一种"说得多、做得少"，或是"只说不做"的印象。另外，也可能因构想中的并不完整，届时实际做的与原先构想的不一样，那对方又会觉得自己"说一套，做一套"，因而对我们产生不信任。

所以诚实、谨言很重要。诚恳的态度就是不说谎、不骗人、不夸张，不说大话，也不说快话，这是我们该保有的良善品格。

如何在工作中相互体谅?

　　大家一定听过"敬人者，人恒敬之"、"礼尚往来"这两句话，只要我们主动地尊敬、赞叹、肯定他人，那对方也会尊敬、赞叹、肯定我们。

　　反过来说，如果你是一个非常傲慢，而且动作粗暴的人，别人也会以傲慢、粗暴的态度回应你，那我们所处的社会、家庭等环境就会因你而被污染了。就好像是带着病菌的人，将病菌传染给周围的人，结果一传十、十传百，一下子就变成流行的传染病；但相反地，如果这个环境里，很多人都感染流行病，而你不但已经打了预防针，而且还劝别人去治疗，告诉他人怎样把病治好，这样，对于所处环境的问题与人就产生了净化的功能。

　　这些道理大家都懂，可是我们常常会原谅自己，却不能够原谅他人；要求他人，却不要求自己；常常把他人的缺点看得很清楚，却故意忽略自己的缺点。因为人几乎都是有惰性，而且是自私的，都希望他人给我们利益，却不愿意付出奉献。

很多人虽然想要付出、奉献，也有慈悲、宽容等提升人品的观念，但总缺乏实践力。遇到状况使不上力时，就自我安慰说："毕竟我还是凡夫，慢慢来就好了……。"总是给自己找台阶下，总是掩饰自己、袒护自己，却不停地要求他人，这样只会造成彼此之间的裂痕，无法透过包容体谅，相互提升。

相互体谅，也可以从身仪、口仪、心仪，这三方面来做起。所谓身仪，就是日常生活的规矩，包括吃饭、走路时的威仪。口仪呢？就是要说赞叹、勉励人的话，如果一开口就说粗话、俗话，那就是没有口仪。

好的身仪或口仪都须以"心仪"为根本，所谓心仪，就是让心随时随地有规范，心中经常保持平静、喜悦，即使遇到非常恶劣的情况，还能够甘之如饴。心仪，实际上就是炼心、观心，使自己的心不受外在环境所影响、所左右，不去想对错。我常常说：

"有理由的固然是理由，没有理由呢？没有理由也是理由！"

所以如果有人对你的态度不好，不要因此对这个人产生厌恶的心，因为他有这样的状况一定是有原因的，可以找个时间和他谈心，主动给予关怀。你可以说："这几天看你的心情好像很不愉快，我想一定有原因，能不能告诉我究竟发生什么问题？你要说出来，才能找到解决的办法。"这样一来，问题就容易弄清楚了，也许他根本没有问题，也许是听到什么人说了一些让人不舒服的话，也许只是你做了什么事，让他觉得很严重。

如果真的是自己做错了事，就向对方道歉："对不起！我不知道这样做是错的，我不是故意的，以后我会改进。"这样就没有事了。如果不是你的问题，而是他遇到其他不舒服的事，你可以安慰他，而且自己的心中不要产生烦恼。如果你心里还有"这家伙可能下次还会对付我"的想法，那你就是自寻烦恼了。

要常常提醒自己，别人发生了问题，一定是有原因的，不要因为他表面的反应而产生烦恼。所以，待人要有宽阔、柔和的心胸，无论在何时何地，都让自己以及相处的人感到欢喜，广结善缘，而没有遗憾。如果抱持这种心态，无论身在何处，你一定是愉快的。

工作便利贴

所谓心仪，就是让心随时随地有规范，心中经常保持平静、喜悦，即使遇到非常恶劣的情况，还能够甘之如饴。

如何在繁忙的工作中调整身心？

　　许多人一忙起来，火气就跟着上升，最后整个人累到虚脱，这是不懂得调心的缘故。无论在任何状况下，对于自己的工作要抱着"要赶不要急"的心态，对于自己的身心则要保持"要忙不要紧"的状态。时时放松身心，练习将气往下沉，不要紧张，一旦心情放松了，身体也会跟着放松。

　　我鼓励大家以"工作要赶不要急，身心要忙不要紧"的心态来面对工作，在忙碌的生活与工作中多多练习和体会。如果经常抱着乐观的、愉快的心情，告诉自己这是自己发愿要做的事，并且要发长远心和奉献心，那么即使工作再忙或受到委屈，都不会被压力压得喘不过气，反而是忙得很快乐、累得很欢喜。

　　一般人大多会从利益、健康、升迁、名位、权力，以及贫贱富贵、荣誉耻辱、对家族的好坏等方向去思考，然而这些都是小我，如果凡事只是想到这些，这样的心量是很小的，而心量愈小就愈容易累，愈容易生气、生病，也愈容易与外在环境、家人、同事、朋友起冲突。

我经常在思考社会与人类的未来，到底要怎么做才能使我们的社会更安宁、人类更幸福。虽然我没有子孙，但是我把人类的后代都视为我的后代，人类的命运就是我们后代的命运，整个地球的生命环境都是息息相关的。大家如果都能往这方面思考，那么每分每秒所做的事，就会变得很有价值，生命也会变得很有意义。

《未来的启示》（未来へのヒント）一书提到：环境的改善要由心灵的净化开始，因为一个人的心灵可以影响另一个人的心灵，心灵一旦净化，就可以改善生活环境中的磁场。所以，自己若有埋怨的心，就可能会导致另一个人的不愉快，使周围的环境、气氛很沉闷；反之，心情若充满感恩，保持愉快，心灵则是清净的，不仅自己觉得舒服，同时也让他人觉得愉快。

有一次，我搭乘一家航空班机，他们的员工告诉我，虽然他们的工作繁重，但工作心情好，服务品质高。当这家航空公司的董事长全家来看我时，我就问董事长这是什么原因。他举了一个例子给我听，他说当贺伯台风来袭时，有位主管判断错误，有八架飞机不能起飞，但客人均已到齐，便要求赔偿，这使得公司损失了三千多万。本来这个主管应当撤职的，但董事长不但未撤主管的职，反而感谢他。因为全公司的人，心里都已很难过，而且又辛苦了一夜，此时老板不能再处罚他们，应加以安慰鼓励，保持其尊严。

从他的例子可知，他是站在同理的基础上与员工相处的。能同理，就能调整心态体谅他人；有体谅的心，自己不会有怨怼、痛苦，别人也能因你的包容而成长。同时，我们也要感激对方，给自己一个练习忍耐的机会。能以体谅、感激来化解情绪，就能让自己的心情保持愉快，使周遭洋溢平和的气氛，就是一种奉献。

如何化解情绪烦恼?

俗话说:"人生不如意事,十常八九。"在日常生活中,无论他人对我们是何种态度,都不要拉长了面容,虽然受了一肚子闷气,仍应该和颜悦色笑咪咪。一般人受到委屈或逆境现前时,也就是当不顺眼的人、事、难听的话在面前出现时,反应多是"怒发冲冠",心里会很生气或是很难过。

有时候虽然暂时将情绪压下来,表面上没有暴跳如雷,但是心里可能在嘀咕:"真倒霉,大概是哪辈子做错了事,今年流年不利,才会遇到这样的事。"就这样不断嘀咕,甚至连睡觉时也在嘀咕,即使过了很久很久,心里还是对此存着痛苦的感受。

那么要如何化解情绪呢?首先可以分析状况:受到他人曲解或误会已经是不舒服的事,如果再生气,犹如受到二度伤害，这是双倍的不划算；相对地，也不要再反过来伤害对方，因为误会他人，事实上也会伤害到他自己，如果再予以反击，对方也会受到二度伤害；一来一往相互伤害，更是愚蠢。

另外，当觉察自己的情绪已经有所波动时，当下先不采取任何行动，待事情较缓和时，再来处理。可以跟对方说："对不起，你误会我了，但是我不生你的气，因为你不是故意误会我。"用这种方式处理，不但可纾解情绪，也有助于改善问题。如果只是一味地压抑情绪，到最后终究会爆发出来，所以要懂得用方法协助自己纾解情绪。遇到逆境，应该将问题交还给问题，勇敢面对问题。

烦恼的产生对自己所造成的伤害最大，因为自己是感受最深的人，无论烦恼是来自什么人或什么事，损失最多、伤害最大的还是自己。因此在生活或是工作上，要经常练习"反观自照"的修身养性。

一个人身体不健康，和心理有着密切的关系。心理不健康，常常哀怨、不满，这样的人即使身体看似强壮，但心灵却是十分脆弱，一旦遇到重大挫折或是疾病，多数难以平复；如果心理是健康的，即使身体稍微差一点，工作环境、待遇也都不是很理想，生活仍然可以过得很愉快，这就是一个健康的人。真正的"健康"，是心理的健康重于身体的强壮。

生活上遭受到困扰和挫折时，要把它转换成对自我的磨炼。大家要运用佛法来保护自我、成长自我，那么即使遇到逆境，也会感到幸运的。

工作便利贴

如果只是一味地压抑情绪，到最后终究会爆发出来，所以要懂得用方法协助自己纾解情绪。

第三篇

禅心看世界

佛法落实在职场和生活中，
就是以慈悲心包容众生、
以柔软心忍辱一切，
以智慧处理问题，放下心中的罣碍。

如何发愿利益他人成长自己？

　　我想分享"一根香蕉"的故事，那是发生在我大约十岁的时候。当时我正在读小学，我三哥从上海带回一串香蕉，那是我生平第一次看到香蕉。

　　我拿了一根尝了一口，忍不住喊说："哇！这是我这一辈子从没尝过的美味。"那时我就想，学校里的同学也一定没吃过，于是我就舍不得吃，准备把它带到学校和同学分享。

　　到了学校，我拿着香蕉在同学眼前晃一晃，问说："你们吃过香蕉没有呀？"结果他们连听都没听过。我就说："让你们舔一舔，但是不准咬啊！"就让同学一个一个轮流舔，最后整根香蕉都被舔光了，我只吃到一口。

　　我自小即有一种性格，就是只要我接受到的好处，或是已经拥有的东西，我总是希望分享给别人，从没想过要占为己有。

也因此一性格，产生我对佛法的使命感和责任感。在我十多岁出家后，当明白佛经并不是专门拿来超度亡者，而是给人用来修学以减少烦恼的时候，当下我就发了一个愿心："无论如何，我一定要把佛法告诉人，我懂多少，就要告诉人多少。"之后，我就非常努力地了解佛法、实践佛法，同时也非常努力地把佛法告诉人，就这样一路走下来。

其实我早在十几岁时就已动笔写文章，在学校的墙报以及刊物上发表，后来也成为学校刊物的编辑之一。只要有了利益别人的心，最后你会发现自己成长得最快。如果我当初没想到要透过写作把佛法与人分享，我想我到现在也不会写文章。因为要把知道的佛法告诉人，逼得自己勤加练习写作，练习之后，反而使自己成长得更快。所以，付出会使自己成长更快、收获更多。

后来来到台湾，由于我对当时佛教界的状况很不满意，因而常写文章批判，尤其对一些长老颇有微词。直到南亭老法师对我说："不要老把嘴巴搁到别人家的头上去！一切的责任要自己挑起来，你觉得这些长老法师们的能力不行，你就把责任挑起来。你要知道，这些老人家也是这样一路走过来的啊！如果你行，你就自己来做。"我听了以后，觉得很惭愧，从此以后，如果有什么事需要人做，我就告诉自己："我来！我来！"

因此，当我觉得修行的人不多，就自己先修行；深入经藏的人不多，就自己勤读书；去日本留学的人许多都还了俗，所以我留学绝不还俗；去日本读书，要拿到学位不容易，所以我一定要靠自己的努力拿到学位。这就是以身作则！

我去日本留学的目的，就是为了提升佛教的教育和素质。当时的佛教徒多半是不识字的老人家，只是去庙里求求签、烧烧香，佛教徒的水平低，出家人的素质普遍不高，因此佛教是被歧视的。

为了提升佛教的水平，我决定去日本留学。取得学位后，在台湾因没有办教育的因缘，就先到美国，过了几年，回来台湾，刚好中国文化大学请我教书，才开始和"办教育"的心愿连结在一起。慢慢地，我们有了研究所，也有了僧团，想要把佛法告诉人的愿心，才逐渐地实践。

只要有了利益别人的心，最后你会发现自己成长得最快。

如何以平等心看待职场生活？

从佛法的观点来看，佛与众生是平等的；佛看众生都是佛，佛的世界即是众生的世界。当佛陀建立了僧团后，有许多人以为佛陀是僧团的领导者，所以他的地位与待遇应该是不同于僧团弟子的，因此，会将最好的东西拿出来供养佛陀，佛陀因此特别在经典中说明：我也是僧团中的一员，不是我领导大众，而是由僧团在领导；如果有居士要供养佛，佛陀就会说："供佛及僧"、"供僧同佛"，这都显示了佛法的平等观念。

我在日本留学的时候，有一次我的老师带领大家到郊外座谈，当时我们为老师准备了一份较丰盛的食物。老师看到以后却不以为然，他认为既是分摊同样的钱，大家就应该享用同一份东西，这就是佛法的平等观。

我曾在一场"企业家座谈会"中，谈及劳资双方平衡的问题。站在佛法的立场，所谓劳资双方，其实都是生活在同一个团体之中，是生命共同体，因此资方与劳工之间，应该称彼此为同事、同仁。

我有一位美国弟子，具有非常优秀的翻译才华，但是对于修理电器却毫无办法。所谓天生我材必有用，每一个人具备的才能不同，所以，人的一生虽应该努力训练自己的能力，但并不是自不量力地拼命追求，而是要了解自我学习的兴趣和方向，对自己的人生尽力而为。掌握现在，努力未来。

现代人往往以职位和薪资高低，做为成功的指标，这是错误的价值观。真正成功是人格上的成长，以及对社会的奉献。同时能够在职务上默默耕耘，并且懂得随着时代的脉动求新求变，这样的人不会被埋没，反而会为他人所倚重。这种人生态度，终其一生，都能坦然地面对自己而无遗憾，而且将会是社会的中坚分子。

生活不只是为了金钱，生命也不只是为了地位，而为了理念的实践而活，才是最重要的。生活要活得愉快自在，就要将工作当成是很有趣味的生活。如此一来，终日都是生活在趣味之中，这样的人生将是一份享受，当下即是生活在净土之中。

工作便利贴

生活不只是为了金钱，生命也不只是为了地位，而为了理念的实践而活，才是最重要的。生活要活得愉快自在，就要将工作当成是很有趣味的生活。

如何以平静心调适工作问题？

　　观世音菩萨在印度、中国、西藏和日本，都是家喻户晓。以中国来说，中国有一句话"家家弥陀，户户观音"，而且人人都会称诵"阿弥陀佛"和"观世音菩萨"的圣号。西藏拉萨的布达拉宫，译音为补怛洛迦，意思是观世音菩萨的圣地之一，因此，在藏传佛教中，认为达赖喇嘛就是观世音菩萨的化身。

　　观世音菩萨究竟是什么样子呢？在好几部重要的经典里，都可以看到佛陀在介绍观世音菩萨，譬如：《法华经》的〈普门品〉、《楞严经》中的〈观世音菩萨耳根圆通章〉，以及《千手千眼大悲心陀罗尼经》，还有大家常诵的《心经》，只是在《心经》中观世音菩萨被称为观自在菩萨；另外，在《华严经》里，善财童子到补怛洛迦山所参访的就是观世音菩萨。

或许你们认为我很有智慧、很有学问，其实我所依靠的就是观世音菩萨。学问、知识、技能，在紧要关头是没有用的；社会上有许多所谓的情绪管理、人格训练，或是道德规范等法则，在平时或是没有突发状况的时候有用，一旦有了事、有了状况，就没有用。以南亚大海啸为例，当海啸来的时候，金钱、地位、权势或家人，能救得了你吗？或者，当你在感情、家庭、事业、工作、财产，遭受重大损失或是刺激的时候，又该怎么办呢？

很多人碰到没办法解决的大问题时，就跑来找我。不仅中国人找我，外国人也找我；不仅普通人找我，有地位的人也找我。我并没有三头六臂，但是，我有千手千眼观世音菩萨做我的依靠。

我经常说，遇到问题时，要"面对它、接受它、处理它、放下它"。我们都知道逃避并不能解决问题，必须面对它，然后接受这样的事实。但是，问题还是要处理，那要如何处理呢？我没有智慧，也没有其他的办法或技巧，所以就只能请教人，如果一时没有地方可以请教，就念"观世音菩萨"，福至心灵后，就晓得怎么处理了。有时候，不知道怎么办才好时，念了"观世音菩萨"后，突然间，脑海里便会出现了一个点子。这样的灵感，并非来自我的智慧，而是一种菩萨的感应。

当心能平静下来，头脑也会清楚一些，就能懂得如何按部就班地来处理事情，这是念"观世音菩萨"的第一个好处。如果念"观世音菩萨"还不能立刻解决问题，不要急，只要不断地念，心安定了，自然会有转机出现。有时候会适时出现一个人，或一种状况，就将那桩事情解决了。

工作便利贴

遇到问题时，要"面对它、接受它、处理它、放下它"。我们都知道逃避并不能解决问题，必须面对它，然后接受这样的事实。

如何建立正确的人生观？

　　做为一个佛教徒、三宝弟子，必须要有正确的人生观。所谓人生观，就是在探究我们来到世界的原因。就佛教而言，它有两个原因：第一、我们是来受报的；第二、我们是来还愿的——不是还债，还债的心里是痛苦的。

　　接受果报，是因为我们相信，在这生之前，我们已经有过很多很多过去生；无量生死以来，对人对己，造了种种的善业、恶业，然后这一生才来受报。但有人会怀疑：为什么在现实人生中，常有好人受恶报、坏人受善报的情形呢？其实，我们常常不晓得自己做了什么、说了什么、动了什么念头；有时则是没有察觉、忘了，或是刻意不去想它；而我们对这一生都不清楚了，更何况是对过去生呢？

报有两种：一种是福报，一种是苦报。人人都希望金玉满堂，鸿福齐天，但就是没有想到，自己真有这么大的福报吗？福报就是我们过去做的种种善事、好事，对人、对众生有意义的事，而现在一点一点地回收。苦报和福报是相对的——有苦、有乐，乐就是福报，苦则是因过去所做不善的事而得的罪报，像是我们所遇到的种种折磨、冲击、阻碍和不顺利。

人遇到苦难或问题时，通常会认为是别人的错，而让你痛苦，或是环境让你痛苦，但这是真的吗？我们应该先反省、检讨一下，是不是因为最近自己的身体不好、心情很苦闷，因此见到什么事、遇到什么人，都觉得心里很厌烦。如果反省检讨后，觉得不是自己的问题，则要以还愿的心态来接受它，当以还愿心态面对，心中就不觉得苦，也就不是苦报了。

我想大家都曾有过这样的经验：家人在外面受了气，回家后将气出在你身上，结果你可能又把气再出在别人身上。其实迁怒并不能消气，只是把自己的问题变成他人的问题，然后一个迁怒一个。所以，当我们被迁怒而受到冲击的时候，要先想到自己是来受报的，然后再想既然自己已受了报，还能够让别人消消气，真是一举两得。能够这样，你就是个有菩萨心肠的人。

我们到人间是来受报的，这个观念一定要建立起来。因为是来受报，所以碰到问题，就不必生气、不必痛苦，反正也已经没有其他的道路走；但受报不是接受了就算了，我们还要想办法解决对方的问题。如果自己心里难过，就用佛法来化解自己的烦恼；如果对方有问题，就用智慧来帮助他处理，而不是以牙还牙、以眼还眼。如果能这样面对事实，我们就是菩萨行者；否则，不仅自己痛苦，还影响对方也跟着痛苦；烦恼自己也烦恼别人，这是损人不利己的！

再者，我们的生命是来还愿的。从小到大，有没有发过什么愿呢？所谓发愿，也就是希望做什么。譬如：我将来长大以后，一定要对妈妈好；现在这个社会很乱，假如我有力量的话，就要贡献社会，使社会安定；这些人真可怜，假如我有能力的话，我愿意帮助他们。像是这类的愿心，我想大家应该都发过，在我们的一生中都曾发过很多愿，我相信大家在过去生都是菩萨，曾经一生一生地发过菩提心，希望能帮助人。现在皈依三宝的人，都要发〈四弘誓愿〉："众生无边誓愿度，烦恼无尽誓愿断，法门无量誓愿学，佛道无上誓愿成。"因为所有的菩萨要成佛，都需要发这个愿，所以我们叫它通愿。

至于如何兑现？就是要奉献自己、成就大众。奉献自己、成就大众是没有条件的，不是为了求回馈的，而是因为你发的愿。发愿不是为自己，发愿是希望别人好，希望自己能努力付出，让其他人得到利益、好处与恩惠。如果我们过去从来没有发过愿，现在发愿也不迟；如果不肯发愿，我们的人品将没办法提升，坚固的自私心，就好像一根尖硬的刺，不时伤害着跟你接触的人，这样不仅伤害了自己，也伤害了他人。所以，要把心量放开，必须要发愿，发愿奉献自己、成就他人。

受报是责任，还愿是义务。义务是在我们本分的责任之外，奉献自己、利益众生，这是还愿。受苦受难是受报，救苦救难则是还愿。能够在受苦受难中，还能够救苦救难，那就是菩萨。

我们都是带着不完美的身心在人间活动，而以不完美的身心来看这个世界，这个世界绝对是不完美的。虽然如此，我们可以受报的心态接受我们的现实

人生，以还愿的心态、观念改善我们的生命，这就是
正确的佛教人生观。

工作便利贴

受苦受难是受报，救苦救难则是还愿。能够在受苦受难中，
还能够救苦救难，那就是菩萨。

如何在千变万化的世界中安心？

　　《法华经》里说："若人说此经，应入如来室，着于如来衣，而坐如来座。"又说："大慈悲为室，柔和忍辱衣，诸法空为座，处此为说法。"意思是，我们要入如来室，以大慈悲心包容众生；披如来衣，以柔软心忍辱一切；坐如来座，以智慧心处理问题，心中不要罣碍。经文所开示的内容，就是我们开始学佛的途径。

　　首先，是入如来室。当我们发了救护众生的大慈悲心，这就是入如来室。既然发了大慈悲心，就应以慈悲来面对所有的人，不要把他人当成仇人来对待，而斤斤计较。

　　再来，是披如来衣。如来衣是柔软的忍辱衣，我们的心要柔软，不要刚强，当我们用慈悲心对待他人的时候，我们的心一定是柔软的。而忍辱心就是当别人给你折磨、困扰、打击或是麻烦时，虽然你的心里感到痛苦和委屈，也要提醒自己学习观世音菩萨。学观世音菩萨就应该要披上柔软的忍辱衣，柔软能够克刚强，也能四两拨千斤，当问题朝你冲击过来的时候，就以柔软的态度忍耐一下。所谓"小不忍则乱大谋"，小忍要忍，大忍也要忍；能忍，你就有福报；能忍，你就能够过万重关，因为柔能克刚。

最后，是坐如来座。如来的座是法空座，一切法都是空的。当我们学习菩萨精神的时候，一定要体会到，所有一切现象都不是永恒的，都如过眼烟云。无论是逆境或是顺境，或是种种的状况，都只是暂时的现象，都是会改变的。改变的时候，这个事件就不存在。既然它经常改变，那就不是永远不变，今天是这样，明天可能变成那样。有的人心很急，希望它马上就改变，但这就像是种下的果子，时间到了它才会成熟，没有熟的果子是不好吃的，但熟过了头，也不能吃。这也就是说，种种的状况是暂时的现象，没有成熟的事不要急着做，而已经过去的事就让它过去了，这就是空。

如来的座，指的就是一切法、一切的事物、一切的现象，都是暂时的；但是，不要因为一切都是暂时的，就不做了。譬如，虽然我这个身体是暂时的，但我还是要吃饭；虽然我这个身体是暂时的，但还是要维持，以便好好运用它，用它来向观世音菩萨学习。

观世音菩萨是慈悲的、柔软的、忍辱的，既能看得开，又能放得下。我们用慈悲心面对与接受众生，然后用慈悲、忍辱、柔软和智慧心来处理事情，处理完后就把问题放下。

有什么办法能让人不再有恐惧心、忧虑心或是慌张的心？我建议多念"观世音菩萨"，这是观音法门中最好的修行方法。

大家可以一起念观世音菩萨、求观世音菩萨、学观世音菩萨，随时随地扮演着观世音菩萨的千手千眼。世间的物质享受吃得完、用得光，所以是不可靠的，但是，学会了观世音菩萨的方法，却是非常有用，让你离苦得乐，一生受用无穷。

人间净土 4

带着禅心去上班——圣严法师的禅式工作学
Working With A Chan Mind: Workplace Wisdom by Chan Master Sheng Yen

著者	圣严法师
出版	法鼓文化
总监	释果贤
总编辑	陈重光
责任编辑	张翠娟、李金瑛
封面设计	赖维明
内页美编	小工
地址	台北市北投区公馆路186号5楼
电话	(02)2893-4646
传真	(02)2896-0731
网址	http://www.ddc.com.tw
E-mail	market@ddc.com.tw
读者服务专线	(02)2896-1600
简体版初版一刷	2021年4月
建议售价	新台币200元
邮拨账号	50013371
户名	财团法人法鼓山文教基金会—法鼓文化
北美经销处	纽约东初禅寺
	Chan Meditation Center (New York, USA)
	Tel: (718)592-6593 Fax: (718)592-0717

法鼓文化

国家图书馆出版品预行编目(CIP)资料

带着禅心去上班：圣严法师的禅式工作学 / 圣严
法师著. --初版. -- 台北市 ： 法鼓文化，
2021.04
面； 公分
正体题名:帶著禪心去上班:聖嚴法師的禪式工作
學
ISBN 978-957-598-906-4 (平装)

1.佛教修持 2.职场成功法

225.87   110001187